GUÍA PRÁCTICA DE CONVERSACIÓN

Español — Inglés

Purificación Blanco Hernández

GUÍA PRÁCTICA DE CONVERSACIÓN

Español — Inglés

MADRAS

© Editorial Arguval
© 2007, Madras Editora Ltda.

Editor:
Wagner Veneziani Costa

Produção e Capa:
Equipe Técnica Madras

Ilustrações:
Luis Ojeda

Revisão:
Camila Fernanda Cipoloni
Denise R. Camargo

CIP-BRASIL. CATALOGAÇÃO-NA-FONTE
SINDICATO NACIONAL DOS EDITORES DE LIVROS, RJ

B572p
Blanco Hernández, Purificación
   Guia práctica de conversación, español-inglês / Purificación Blanco Hernández ; adaptação Ina Carvalho ; ilustrações Luis Ojeda. - São Paulo : Madras, 2007.
   il. - (Guia prático de conversação ;)
   ISBN 978-85-370-0199-8
   1. Língua inglesa - Conversação e frases - Espanhol. 2. Língua inglesa - Gramática. 3. Língua ingelsa - Dicionários - Espanhol. I. Carvalho, Ina. II. Título. III. Série.
   07-0566.   CDD: 428.2461
                          CDU: 811.111'243
   22.02.07   27.02.07   000572

Proibida a reprodução total ou parcial desta obra, de qualquer forma ou por qualquer meio eletrônico, mecânico, inclusive por meio de processos xerográficos, incluindo ainda o uso da internet, sem a permissão expressa da Madras Editora, na pessoa de seu editor (Lei nº 9.610, de 19.2.98).

Todos os direitos desta edição reservados pela

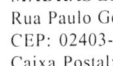

MADRAS EDITORA LTDA.
Rua Paulo Gonçalves, 88 — Santana
CEP: 02403-020 — São Paulo/SP
Caixa Postal: 12299 — CEP: 02013-970 — SP
Tel.: (11) 6281-5555/6959-1127 — Fax: (11) 6959-3090
www.madras.com.br

ÍNDICE

Pronunciación figurada 9
Breves nociones gramaticales 11
Números 24
Pesos y medidas 26

VIDA DIARIA 27
Saludos 27
Presentaciones 29
Datos personales 30
Preguntas y respuestas breves 32
Frases de cortesía 33
Aprendiendo la lengua 35
Órdenes 37
Avisos públicos 37
El tiempo 39
En la ciudad 44
Edificios públicos 47

DE VIAJE 49
En una agencia de viajes 49
En la aduana 51
En avión 54
En tren 57
En coche 61
Alquiler de autos 64

En coche (servicios y averías) 65
En barco 72
Medios de transporte urbano 75

HOTELES 79
La llegada 79
La estancia 83
El desayuno 84
La salida 87

BARES Y RESTAURANTES 89
En un bar 89
La mesa 92
Términos culinarios 97
Comidas y bebidas 99

DE COMPRAS 105
Tiendas 105
En una librería/quiosco 107
En una farmacia 109
En unos grandes almacenes 111
Ropa y accesorios 112
En una zapatería 118
En una perfumería 120
En una tienda de fotos 121
En una óptica 123
En una floristería 125

Índice

En un estanco 127
En una peluquería 128

TIEMPO LIBRE 131
Museos y otros lugares de interés 131
Diversiones 133
En la playa/piscina 137
De camping 138
Deportes 141

VARIOS 143
Bancos 143
Correos 145
Teléfonos 147
Salud (médico y dentista) 149
Médico 151
Dentista 155
Comisaría 156

DICCIONARIO DE VIAJE 159
Español-Inglés 159
Inglés-Español 187

PRONUNCIACIÓN FIGURADA

Uno de los aspectos más difíciles del inglés es su pronunciación, ya que tiene pocas reglas y muchas excepciones. Aunque las letras del alfabeto inglés en su gran mayoría se corresponden con las del español, no siempre se pronuncian igual. Nos ha parecido aconsejable y de utilidad ofrecer una pronunciación figurada, basada en comparaciones de los sonidos del inglés con los del español. Aun siendo conscientes de la falta de exactitud, hemos optado por prescindir del alfabeto fonético internacional, a fin de conseguir un método sencillo al alcance de todos.

En la pronunciación figurada que aparece en esta guía, algunas letras no se corresponden exactamente con sus equivalentes en español. Por ello, presentamos a continuación una serie de especificaciones:

j Es una aspiración suave y apenas perceptible. No tan gutural como la *j* española.

ng Como en "ra*ng*o".

r Como en "*o*ro", pero mucho más débil y sin vibración. Se pronuncia únicamente delante de vocal; en las demás posiciones, es prácticamente muda.

sh Sonido inexistente en español. Intermedio entre *s* y *ch*.

t Como en "lás*t*ima".

v Como en "*V*alladolid", pronunciada exageradamente.

w Como la *u* de "h*u*eso".

Se han duplicado las **vocales** con sonido largo.

Aunque las palabras inglesas no llevan acento escrito, se han representado las sílabas tónicas con la tilde del español (´).

BREVES NOCIONES GRAMATICALES

1. ARTÍCULOS

Artículo determinado

the (= el, la, los, las)

the book (el libro)
the books (los libros)

The es invariable en género y número.

Artículo indeterminado

a/an (= un, una)

a book (un libro)
an orange (una naranja)

Se usa **an** delante de palabras que empiezan por vocal o *h* muda.
Para traducir la idea de "unos", "unas" se emplea el adjetivo indefinido *some*: *some* books (unos/algunos libros).

2. NOMBRES

Género. Sólo tienen género (masculino y femenino) los nombres de personas y animales. Las cosas son del género neutro.

Muchas palabras sirven indistintamente para ambos géneros: *friend* (amigo/amiga), *teacher* (profesor/profesora), *cousin* (primo/prima).

El género se distingue de alguna de estas maneras:

1. Por un cambio de palabra: *father* (padre), *mother* (madre); *man* (hombre), *woman* (mujer); *bull* (toro), *cow* (vaca).
2. Añadiendo el sufijo *-ess* al masculino: *prince* (príncipe), *princess* (princesa); *actor* (actor), *actress* (actriz).
3. Por medio de una palabra indicadora del sexo: *schoolmaster* (maestro), *schoolmistress* (maestra).

Número. El plural se forma, por regla general, añadiendo *-s* al singular: *table* (mesa), *tables* (mesas); *dog* (perro), *dogs* (perros).

Son casos especiales:

1. Los nombres acabados en *-o, -ss, -sh, -ch, -x, -z, -zz* que añaden *-es*: *potatoes* (patatas), *buses* (autobuses), *boxes* (cajas).
2. Los terminados en *-y* precedida de consonante, que cambian la *y* en *i* y añaden *-es*: *ladies* (señoras), *flies* (moscas).
3. Los que cambian la *f/fe* final en *-ves*: *knives* (cuchillos).
4. Los que adoptan formas irregulares: *man/men* (hombre/hombres).

3. ADJETIVOS

Preceden al nombre al que califican y son invariables en género y número: a *red* car (un coche rojo), *red* cars (coches rojos), the car is *red* (el coche es rojo).

Comparativos

-De igualdad: *as ... as* (tan ... como) en frases afirmativas.
          not so ... as, en frases negativas.

-De inferioridad: *less ... than* (menos ... que)

-De superioridad: *more ... than* (más... que)
          -er ... than (*)

(*) Si el adjetivo es monosílabo o bisílabo con sonido corto se le añade *-er*: *long-longer* (largo-más largo), *small-smaller* (pequeño-menor). En los demás casos, se antepone *more* al adjetivo.

Superlativos

-Relativo: *the most ...* (para los adjetivos que forman el comparativo con *more*): *the most expensive* (el más caro). *the ... -est* (para los que tienen la forma *-er* en el grado comparativo): *the longest* (el más largo).

-Absoluto: *very ...* : *very long, very expensive*.

4. PRONOMBRES

Muchos pronombres tienen la misma forma que sus correspondientes adjetivos, diferenciándose sólo por las diferentes funciones que realizan en la frase.

Pronombres Personales

I (yo)	*me* (me, mí)
you (tú, usted)	*you* (te, ti)
he (él)	*him* (lo, le)
she (ella)	*her* (la, le)
it (*neutro)	*it* (lo)
we (nosotros/as)	*us* (nos)
you (vosotros/as, ustedes)	*you* (os)
they (ellos/ellas)	*them* (les)

(*) *It* se utiliza para referirse a cosas. En inglés nunca se omiten los pronombres personales.

Pronombres Reflexivos

Singular	Plural
myself (me)	*ourselves* (nos)
yourself (te)	*yourselves* (os)
himself (se)	*themselves* (se)
herself (se)	*itself* (se)

Además del valor propiamente reflexivo, pueden usarse para expresar la idea: "uno mismo", "en persona".

Adjetivos y Pronombres Posesivos

my (mi, mis)   *mine* (mío, -a, -os, -as)
your (tu, tus)   *yours* (tuyo, -a, -os, -as)
his (su, -de él-)   *his* (suyo, -a, -os, -as)
her (su, -de ella-)   *hers* (suyo, -a, -os, -as)
its (su, -de una cosa-)   *its* (suyo, -a, -os, -as)

our (nuestro, -a, -os, -as)   *ours* (nuestro, -a, -os, -as)
your (vuestro, -a, -os, -as)   *yours* (vuestro, -a, -os, -as)
their (su, sus)   *theirs* (su, sus)

Son invariables en género y número.

Genitivo sajón. Es una forma de expresar la posesión en inglés, especialmente cuando el poseedor es una persona. Se construye añadiendo *'s* al sustantivo sin artículo: *Robert's dog* (el perro de Roberto).

Adjetivos y Pronombres Demostrativos

this (este, esta)   *those* (esos, esas/aquellos, aquellas)
these (estos, estas)   *that* (ese, esa/aquel, aquella)

Tienen las mismas formas, tanto en la función de adjetivo como en la de pronombre.

Adjetivos y Pronombres Relativos e Interrogativos

who (quien, el/la que)   *who?* (¿quién?)
whom (a quien, al que)   *whom?* (¿a quién?)
whose (cuyo, -a, -os, -as)   *whose?* (¿de quién?)
which (que, el/la cual)   *which?* (¿cuál?)
what (que, lo que)   *what?* (¿qué?)

that es únicamente pronombre y se traduce por "que".

Adjetivos y Pronombres Indefinidos

each/every (cada)   *everybody* (cada uno)
another (otro, -a)   *other* (otros, -as)
all (todo, -a, -os, -as)   *whole* (todo)
several (varios, -as)   *enough* (bastante)
much (mucho, -a)   *little* (poco, -a)
many (muchos, -as)   *few* (pocos, -as)
nobody (nadie)   *nothing* (nada)
**somebody, anybody* (alguien)   **something, anything* (algo)
*some (algún, -a, -os, -as)   *any (algún, -a)
too much (demasiado, -a)   *no* (ningún, -a)
too many (demasiados, -as)   *both* (ambos, -as)

(*)**Some** y sus compuestos se usan en frases afirmativas y **any** y sus compuestos, en frases interrogativas o negativas.

5. ADVERBIOS

de tiempo

today (hoy)
the day before yesterday (anteayer)
tomorrow (mañana)
after, afterwards (después)
already (ya)
early (temprano)
now (ahora)
later (luego)

yesterday (ayer)
the day after tomorrow (pasado mañana)
before (antes)
again (otra vez)
still, yet (todavía)
late (tarde)
soon (pronto)
then (entonces)

de frecuencia

always (siempre)
sometimes (a veces)
once (una vez)
ever (alguna vez)
many times (muchas veces)

never (nunca)
often (a menudo)
twice (dos veces)
usually (normalmente)

de intensidad

nearly, almost (casi)
quite, early (bastante)
totally (totalmente)

very (muy)
hardly (apenas)

de lugar

here (aquí)
there (ahí)
over there (allí)
near (cerca)
far, away (lejos)
around (alrededor)
everywhere (en todas partes)

in front of (delante)
behind (detrás)
opposite (enfrente)
up, upstairs (arriba)
down, downstairs (abajo)
in, inside (dentro)
out, outside (fuera)

de modo

well (bien)
bad (mal)

slowly (despacio)
quickly (rápidamente)

y la mayoría de los adverbios formados añadiendo la terminación *-ly* al adjetivo.

de probabilidad

maybe, perhaps (quizá)
probably (probablemente, a lo mejor)

possibly (posiblemente)

relativos

when (cuando)
why (por que, por lo que)

where (donde)

de afirmación/negación

yes (sí), *no* (no)
indeed (verdaderamente)
not at all (en absoluto)
of course (por supuesto)

interrogativos

when? (¿cuándo?)
why? (¿por qué?)
where? (¿dónde?)

6. PREPOSICIONES

about (sobre)
after (después, tras)
along (a lo largo de)
around (alrededor)
before (antes, ante)
beside (junto a)
between (entre)
during (durante)
from (de, desde)
of (de)
on (en, sobre)
since (desde)
till (hasta)
towards (hacia)
until (hasta)
with (con)
above (encima de)
against (contra)
among (entre)
at (a, en)
below (debajo de, bajo)
besides (además)
by (por, durante)
for (para, por)
in (en)
off (fuera de)
over (sobre)
through (a través de, por)
to (a, para)
under (debajo de)
up (en lo alto de)
without (sin)

7. CONJUNCIONES

and (y)
or (o)
nor, neither (ni)
also, too, as well (también)
if, whether (si)
not even (ni siquiera)
nevertheless (sin embargo)

as, since (como)
when (cuando)
while (mientras)
because (porque)
but (pero)
although (aunque)
so that (para que)

8. VERBOS

En inglés, los verbos no tienen terminaciones especiales para las distintas personas, excepto la tercera persona del singular del presente de indicativo que lleva añadido el sufijo *-s*. Por esta razón, es absolutamente imprescindible el uso del pronombre sujeto para poder distinguir las personas.

Las terminaciones verbales son mucho menos numerosas que en español, reduciéndose a tres en un verbo regular: *-s* (para la 3ª persona del singular del presente de indicativo): *he gives* (él da).

-ed (para el pretérito indefinido y el participio pasivo): *he closed* (él cerró), *closed* (cerrado).

-ing (para el gerundio): *working* (trabajando).

Algunos tiempos (como el futuro y el condicional) se forman añadiendo verbos auxiliares: *he will work* (él trabajará).

Verbos Regulares

Infinitivo	**Participio**	**Gerundio**
to work	worked	working
Presente	I work	He/she works
Pret. indefinido	I worked	He/she worked
Pret. perfecto	I have worked	He/she has worked
Pluscuamperfecto	I had worked	He/she had worked
Futuro	I shall work	He/she will work
Condicional	I should work	He/she would work

Los TIEMPOS COMPUESTOS se forman con el verbo auxiliar *to have* (haber) y el participio pasado.

La FORMA NEGATIVA presenta las estructuras siguientes:
1. Sujeto + verbo auxiliar **do** + **not** + verbo principal.

I	*do*	*not*	*work* (no trabajo)
He	*does*	*not*	*work* (él no trabaja)

2. Sujeto + *verbo "especial" + **not.**

I	*am*	*not* (no soy)

(*) Son verbos "especiales": *to be* (ser), *to have* (haber, tener), *can* (poder), *must* (deber), *will* (querer), *may* (poder).

La FORMA INTERROGATIVA presenta asimismo dos estructuras diferentes:

1. Verbo auxiliar **do** + sujeto + verbo principal.

    Do   you   work? (¿Trabajas?)

2. Verbo "especial" + sujeto.

    Can   you? (¿Puedes?)

Verbos Irregulares

TO BE (ser, estar)

Pres.   *I am, you are, he/she/it is, we are, you are, they are*

Pasado. *I was, you were, he... was, we were, you were, they were*

TO HAVE (haber, tener)

Pres.   *I have, you have, he... has, we have, you have, they have*

Pasado. *I had, you had, he... had, we had, you had, they had*

Verbos irregulares más frecuentes:

Infinitivo	Pasado	Participio
to begin	began	begun
to bring	brought	brought
to come	came	come
to do	did	done
to drink	drank	drunk
to eat	ate	eaten

Español — Inglés

to find	found	found
to get	got	got
to give	gave	given
to go	went	gone
to say	said	said
to see	saw	seen
to speak	spoke	spoken
to take	took	taken
to tell	told	told
to understand	understood	understood
to write	wrote	written

NÚMEROS

0. Zero. *Sírou*
1. One. *Uán*
2. Two. *Túu*
3. Three. *Zríi*
4. Four. *Fóo*

5. Five. *Fáiv*
6. Six. *Siks*
7. Seven. *Séven*
8. Eight. *Éit*
9. Nine. *Náin*

10. Ten. *Ten*
11. Eleven. *Iléven*
12. Twelve. *Tuélv*
13. Thirteen. *Zertíin*
14. Fourteen. *Footíin*

15. Fifteen. *Fiftíin*
16. Sixteen. *Sikstíin*
17. Seventeen. *Seventíin*
18. Eighteen. *Eitíin*
19. Nineteen. *Naintíin*

20. Twenty. *Tuénti*
21. Twenty-one. *Tuénti-uán*
22. Twenty-two. *Tuénti-túu*
23. Twenty-three. *Tuénti-zríi*
24. Twenty-four. *Tuénti-fóo*

30. Thirty. *Zérti*
40. Forty. *Fóorti*
50. Fifty. *Fífti*
60. Sixty. *Síksti*
70. Seventy. *Séventi*
80. Eighty. *Éiti*
90. Ninety. *Náinti*

100. A hundred. *A jándrid*
200. Two hundred. *Túu jándrid*
300. Three hundred. *Zríi jándrid*
400. Four hundred. *Fóo jándrid*
500. Five hundred. *Fáiv jándrid*
600. Six hundred. *Siks jándrid*
700. Seven hundred. *Séven jándrid*
800. Eight hundred. *Éit jándrid*
900. Nine hundred. *Náin jándrid*

1.000. A thousand. *A záusend*
2.000. Two thousand. *Túu záusend*
5.000. Five thousand. *Fáiv záusend*
10.000. Ten thousand. *Ten záusend*
100.000. A hundred thousand. *A jándrid záusend*
1.000.000. A million. *A mílion*

1º. First. *Ferst*
2º. Second. *Sécond*
3º. Third. *Zerd*
4º. Fourth. *Fóoz*
5º. Fifth. *Fifz*
6º. Sixth. *Sixz*
7º. Seventh. *Sévenz*
8º. Eighth. *Éiz*
9º. Ninth. *Náinz*
10º. Tenth. *Tenz*

1/2. One half. *Uán jaf*
1/3. One third. *Uán zerd*
1/4. One quarter. *Uán cuóta*
1/5. One fifth. *Uán fifz*
1/10. One tenth. *Uán tenz*

PESOS Y MEDIDAS

Longitud

1 inch	= 1 pulgada	= 2,54 cm.
1 foot	= 1 pie	= 30,48 cm.
1 yard	= 1 yarda	= 91,44 cm.
1 mile	= 1 milla	= 1,60 km.

Peso

1 ounce	= 1 onza	= 28,35 gr.
1 pound	= 1 libra	= 460 gr.

Capacidad

1 pint	= 1 pinta	= 0,57 l.
1 gallon	= 1 galón	= 4,54 l.
1 quart	= 1 cuarto de galón	= 1,13 l.

Temperatura

32º F = 0º C.

Para convertir grados centígrados en grados Fahrenheit, multiplicar por 9/5 y sumar 32.

VIDA DIARIA

SALUDOS

Buenos días	**Buenas tardes**	**Buenas noches**
Good morning	Good afternoon	Good evening
Gudmóoning	*Gudáftanuun*	*Gudívning*

Buenas noches	**Hola**	**Adiós**
Good night	Hello	Good bye
Gudnáit	*Jélou*	*Gud báy*

Hasta luego	**Hasta mañana**	**Hasta pronto**
See you later	See you tomorrow	See you soon
Síi yu léita	*Síi yu tumórou*	*Síi yu súun*

¿Cómo está Vd.?	**¿Qué tal?** **¿Qué hay?** **¿Cómo estás?**	**¿Cómo le/te va?**
How do you do?	How are you?	How are you getting on?
Jauduyudú?	*Jáu ar yu?*	*Jau ar yu guéting on?*

(Muy) bien	**Muy bien**	**Gracias**
(Very) well	All right	Thank you
(Véri) uél	*Ol-ráit*	*Zénkiu*

¿Cómo está su/tu familia?
How is your family?
Jau is yor fámili?

Me alegro
I am glad
Aim glad

Me alegro de volver a verle
Nice to see you again
Náis tu síi yu eguéin

¡Cuánto tiempo sin verle!
It has been a long time!
It jas bíin a long táim!

¿Cómo se encuentra hoy?
How do you feel today?
Jau du yu fíil tudéy?

Recuerdos a todos
Give my regards to everybody
Guiv mai rigáads tu evribóodi

Besos a los niños
Give my love to the children
Guiv mai lav tu de chíldren

PRESENTACIONES

Señor ...	**Señora ...**	**Los señores ...**
Mister ...	Missis ...	Mister and missis...
Místa ...	*Mísis ...*	*Místa and mísis ...*

Señor	**Señora**
Sir	Madam
Ser	*Mádam*

Me llamo ...	**Mucho gusto**	**Encantado/a**
My name is ...	How do you do?	Pleased to meet you
Mai néim is ...	*Jauduyudú?*	*Plíist tu míitiu*

¿Cómo te llamas/se llama Vd.?
What is your name?
Uóts yor néim?

Este es el Sr. ... Esta es la Sra. ...
This is Mr. ...This is Ms. ...
Dis is místa ... Dis is mísis ...

Le presento a ...
Let me introduce you ...
Létmi introdiús yu ...

Quiero presentarle a ...
I'd like to introduce you to ...
Aid láik tu introdiús yu tu ...

¿Conoce ya al Sr. ...?
Have you already met Mr. ...?
Jáviu ólredi met místa ...?

¿Es Vd. el Sr. ... (la Sra. ...)?
Are you Mr. ... (Ms. ...)?
Ar yu místa ... (mísis ...)?

Sí, soy yo
Yes, I am he (she)
Yes, áim ji (shi)

DATOS PERSONALES

Nombre	**Apellido**	**Edad**
Name	Surname	Age
Néim	*Sérneim*	*Éich*

Estado civil	**Soltero**	**Casado**
Marital status	Single	Married
Máritel stéitus	*Sínguel*	*Mérid*

Divorciado	**Viudo**	**Profesión**
Divorced	Widow	Profession
Divorst	*Uídou*	*Proféshien*

Dirección	**D.N.I.**	**Pasaporte**
Address	Identity card number	Passport
Ádres	*Aidéntiti card námba*	*Pásport*

Fecha de nacimiento	**Lugar de nacimiento**
Date of birth	Place of birth
Déit ov berz	*Pléis ov berz*

¿Cómo se llama Vd./cómo te llamas/cuál es tu (su) nombre?
What is your name?
Uóts yor néim?

¿Cuál es tu (su) dirección?
What is your address?
Uóts yor ádres?

¿Dónde vive?
Where do you live?
Uér du yu liv?

¿De dónde es Vd.?/¿Cuál es su nacionalidad?
Where are you from?/What is your nationality?
Uéa ar yu from?/Uóts yor nashionáliti?

¿Cuál es su número de teléfono?
What is your phone number?
Uóts yor fóun námba?

¿Cuántos años tiene(s)?
How old are you?
Jau ould ar yu?

Nací en ...
I was born in ...
Ai uás born in ...

PREGUNTAS Y RESPUESTAS BREVES

¿Quién es?	**¿Qué es eso?**	**¿Dónde está?**
Who is it?	What is that?	Where is it?
Uu isít?	*Uóts dat?*	*Uéa isít?*
¿Por qué?	**¿Cuánto/-os/-as?**	**¿Cuál?**
Why?	How much/many?	Which one?
Uáy?	*Jau mach/méni?*	*Uích uán?*
¿Seguro?	**¿De verdad?**	**¿Vale?**
Are you sure?	Really?	O.K.?
Ar yu shúa?	*Ríili?*	*Ou-kéy?*
Sí	**De acuerdo (Vale)**	**Es verdad**
Yes	All right (O.K.)	That's right
Yes	*Ol-ráit (Ou-kéy)*	*Dats ráit*
Por supuesto	**Tiene Vd. razón**	**Ya entiendo**
Of course	You are right	I see
Ov cors	*Yu ar ráit*	*Ai síi*

Español — Inglés 33

No	**En absoluto**	**Nunca**
No	Not at all	Never
Nou	*Notatól*	*Néva*

Nada	**No es así**	**No creo**
Nothing	It is wrong	I don't think so
Názing	*Its rong*	*Ai dont zink sou*

FRASES DE CORTESÍA

Muchas gracias	**De nada**	**Por favor**
Thank you very much	You are welcome (don't mention it)	Please
Zénkiu véri mach	*Yu ar uélcam (dont ménshien it)*	*Plíis*

Haga el favor	**Con mucho gusto**	**Disculpe**
Would you please...?	It is a pleasure	Excuse me
Wud yu plíis...?	*Its a plésha*	*Exkiús-mi*
Perdón	**Perdón (Lo siento)**	**¡Bienvenido!**
Pardon	Sorry	Welcome!
Párdon	*Sóri*	*Uélcam!*
¡Salud!	**¡Felicidades!** **¡Enhorabuena!**	**¡Suerte!**
Cheers!	Congratulations!	Good luck!
Chías!	*Congratiuléishiens!*	*Gud lak!*

No importa	**Aquí tiene**
It does not matter!	Here you are
It dásent máta!	*Jía yu ar*
¿Puedo ayudarle?	**Es Vd. muy amable**
May I help you?	You are very kind
Mey ai jélpiu?	*Yu ar véri káind*
No se moleste	**Siento molestarle**
Don't bother	Sorry to trouble you
Dont bóda	*Sóri tu trábel yu*
Se lo agradezco mucho	**¡No se preocupe!**
Thank you very much	Don't worry!
Zénkiu véri mach	*Dont uóri!*

¡No hay de qué!
Don't mention it!
Dont ménshien it!

¿En qué puedo servirle?
What can I do for you?
Uót cánai du for yu?

¿Desea tomar algo?
Would you like something to drink?
Wud yu láik sámzing tu drink?

¿Quiere un cigarrillo?
Would you like a cigarette?
Wud yu láik a sígaret?

¿Desea algo?
Do you want something?
Du yu uónt sámzing?

Quería (quisiera)...
I would like ...
Aid láik ...

APRENDIENDO LA LENGUA

¿Habla Vd. español?
Do you speak Spanish?
Du yu spíik spánish?

No hablo inglés
I do not speak English
Ai dont spíik ínglish

Un poco
A little bit
A lítel bit

Ni una palabra
Not one word
Not uán uórd

¿Me comprende?

Do you understand me?
Du yu anderstánd mi?

¿Cómo?/¿Perdón?

Pardon?
Párdon?

¿Cómo se escribe?

How do you write it?
Jau du yu ráitit?

¿Cómo se pronuncia?

How do you pronounce it?
Jau du yu pronáunsit?

¿Qué quiere Vd. decir?

What do you mean?
Uót du yu míin?

¿Cómo se dice ... en inglés?

How do you say ...
in English?
*Jau du yu séy...
in ínglish?*

No comprendo

I do not understand
Ai dont anderstánd

Hable Vd. más despacio, por favor

Speak slowly, please
Spíik slóuli, plíis

Deletréelo, por favor

Can you spell it, please?
Can yu spélit, plíis?

¿Qué significa?

What does it mean?
Uót dásit míin?

¿Cómo dice?

What did you say?
Uót did yu séy?

Repita, por favor

Could you repeat, please?

Cud yu ripíit, plíis?

ÓRDENES

¡Deprisa!
Hurry up!
Jári ap!

¡Rápido!
Quickly!
Cuíkli!

¡Despacio!
Slowly!
Slóuli!

¡Entre!/¡Adelante!
Come in!
Camín!

¡Venga!
Come here!
Cam jía!

¡Venga!
Come on!
Camón!

¡Oiga!
Listen!
Lísen!

¡Deme!
Give me!
Guívmi!

¡Cuidado!
Be careful!
Bi kéaful!

¡Siéntese!
Sit down!
Sit dáun!

¡Socorro!
Help!
Jelp!

Silencio
Silence
Sáilens

¡Vamos!
Let's go!
Lets góu!

¡Adelante!
Go ahead!
Góu ajéed!

¡Cállese!
Shut up!
Shátap!

AVISOS PÚBLICOS

Cuidado
Caution
Cóshien

Peligro
Danger
Déin-ya

Atención al...
Beware of...
Biuéa ov...

Cerrado
Cloust
Oupen

Abierto
Open
Oupen

Averiado
Out of order
Aut ov órda

Entrada Entrance *Éntrans*	**Salida** Exit *Éksit*	**Ascensor** Lift *Lift*
Libre Vacant *Véikant*	**Ocupado** Engaged *Inguéicht*	**Privado** Private *Práivit*
Tirar Pull *Pul*	**Empujar** Push *Push*	**Parada** Stop *Stop*
Servicios Toilets *Tóilets*	**Señoras** Ladies *Léidis*	**Caballeros** Men *Men*
Cambio Exchange *Ikschéinch*	**Se vende** For sale *For séil*	**Se alquila** For rent (hire) *For rent (jáia)*
Aparcamiento Parking *Párking*	**Autoservicio** Self-service *Self-sérvis*	**Recepción** Reception *Resépshien*

Prohibido el paso
Keep out
Kípaut

Prohibido fumar
No smoking
Nou smóuking

Se prohíbe la entrada
No admittance
Nou admítans

Recién pintado
Wet paint
Uét péint

EL TIEMPO

Tiempo (cronológico)
Time
Táim

Tiempo (atmosférico)
Weather
Uéda

Reloj
Watch
Uóch

Hora
Hour
Áua

Minuto
Minute
Mínit

Segundo
Second
Sécond

Mañana
Morning
Móoning

Mediodía
Noon (midday)
Núun (míd-dey)

Tarde
Afternoon, evening
Áftanuun (ívning)

Noche
Night
Náit

Medianoche
Midnight
Midnáit

Media hora
Half an hour
Jáfan áua

¿Qué hora es?
What time is it?
Uót táim isít?

Son las siete
It is seven o'clock
Its séven oclók

Las siete y diez
Ten past seven
Ten past séven

Las siete y cuarto
A quarter past seven
A cuóta past séven

Las siete y media
Half past seven
Jaf past séven

Las ocho menos cuarto
A quarter to eight
A cuóta tu éit

¿Puede decirme la hora, por favor?
Can you tell me the time, please?
Can yu télmi de táim, plíis?

¿A qué hora abre el museo?
What time does the museum open?
Uót táim das de miusíem óupen?

Es demasiado temprano/tarde
It is too early/late
Its túu éerli/léit

Tiempo	**Temperatura**	**Clima**
Weather	Temperature	Climate
Uéda	*Témpricha*	*Cláimit*

Hace sol	**Hace frío**	**Hace calor**
It is sunny	It is cold	It is hot
Its sáni	*Its cóuld*	*Its jot*

Español — Inglés

Está lloviendo
It is raining
Its réining

Va a llover
It is going to rain
Its góing tu réin

Sigue lloviendo
It is still raining
Its stíl réining

Ha dejado de llover
It has stopped raining
It jas stopt réining

Está nevando
It is snowing
Its snóuing

Está helando
It is freezing
Its fríising

¿Qué tiempo hace?
What is the weather like?
Uóts de uéda láik?

Hace mal tiempo
The weather is bad
De uéda is bad

Hace un tiempo magnífico
It is a fine day
Its a fáin déy

Estamos a seis grados bajo cero
It is minus six (degrees)
Its máines six (digríis)

Día	**Semana**	**Mes**
Day	Week	Month
Déy	*Uík*	*Manz*

Quincena	**Año**	**Siglo**
Fortnight	Year	Century
Fótnait	*Yía*	*Sénchuri*

Hoy Today *Tudéy*	**Ayer** Yesterday *Yésterdey*	**Mañana** Tomorrow *Tumórou*
Esta noche Tonight *Tunáit*	**Día festivo** Bank Holiday *Bank jólidey*	**Fecha** Date *Déit*

Días de la semana

Lunes	Monday	*Mándey*
Martes	Tuesday	*Tiúsdey*
Miércoles	Wednesday	*Uénsdey*
Jueves	Thursday	*Zérsdey*
Viernes	Friday	*Fráidey*
Sábado	Saturday	*Sáterdey*
Domingo	Sunday	*Sándey*

Meses del año

Enero	January	*Yánuari*
Febrero	February	*Fébruari*
Marzo	March	*March*
Abril	April	*Éipril*
Mayo	May	*Méy*
Junio	June	*Yun*
Julio	July	*Yuláy*
Agosto	August	*Ógost*
Septiembre	September	*Septémba*

Octubre	October	*Octóba*
Noviembre	November	*Novémba*
Diciembre	December	*Disémba*

Estaciones del año

Invierno	Winter	*Uínta*
Primavera	Spring	*Spríng*
Verano	Summer	*Sáma*
Otoño	Autumn	*Ótom*

¿Qué día es hoy?
What is the day today?
Uóts de déi tudéy?

Hoy es uno de abril
Today is the first of April
Tudéy is de ferst ov éipril

El domingo pasado
Last Sunday
Last sándey

El lunes próximo
Next Monday
Next mándey

El 6 de noviembre de 1995
November 6th, 1995
Novémba sixz, naintíin náinti-faiv

Navidad
Christmas
Crísmas

Año Nuevo
New Year's Day
Niú yías déy

Semana Santa
Easter (Holy Week)
Íster (jóli uík)

Primero de Mayo
May Day
Méy déy

EN LA CIUDAD

Calle	**Avenida**	**Paseo**
Street, road	Avenue	Promenade
Stríit, roud	*Áviniu*	*Prominád*

Centro	**Esquina**	**Barrio**
City centre	Street corner	Suburb (district)
Síti sénta	*Stríit córna*	*Sáberb (dístrikt)*

Afueras	Puerto	Fuente
Outskirts	Port (harbour)	Fountain
Autskérts	*Port (járbor)*	*Fáuntin*

Plaza	**Puente**	**Río**
Square	Bridge	River
Scuéa	*Brich*	*Ríva*

Español — Inglés

Jardín	Parque	Paso **subterráneo**
Garden	Park	Subway
Gárden	*Park*	*Sab-uéy*

Cruce — **Semáforo** — **Guardia de tráfico**
Crossroads — Traffic-lights — Traffic policeman
Crósrouds — *Tráfic-láits Tráfic* — *polísman*

Papelera — **Buzón** — **Farola**
Litter bin — Pillar box — Street light
Lítabin — *Píla box* — *Stríit láit*

Cabina — **Acera** — **Paso de cebra**
Telephone box — Pavement — Zebra crossing
Télifoun box — *Péivment* — *Zíbra crósing*

Por aquí — **Por ahí** — **Todo recto**
This way — That way — Straight on
Dis uéy — *Dat uéy* — *Stréiton*

A la izquierda — **A la derecha** — **A ... m. de aquí**
To the left — To the right — ... metres from here
Tu de left — *Tu de ráit* — *... mítas from jía*

Delante de — **Detrás de** — **Enfrente**
In front of — Behind the — Opposite
In front ov — *Bijáind de* — *Óposit*

Más adelante/atrás — **Más arriba/abajo**
Further on/back — Further up/down
Fáada on/bak — *Fáada ap/dáun*

Perdón, ¿está muy lejos la calle ...?
Excuse me, is ... street far from here?
Exkiús-mi, is ... stríit far from jía?

¿Puede Vd. decirme dónde está ...?
Can you tell me where ... is?
Can yu télmi uéa ... is?

¿Cómo se va a ...? ¿Está muy lejos?
How do you get to ...? Is it very far?
Jau du yu guet tu ...? Isít véri far?

¿A qué distancia está?
How far away is it?
Jau far euéy isít?

Siga por esta misma calle
Go straight on along this street
Góu stréiton along dis stríit

Al otro lado de la calle
On the other side of the road
On di óda sáid ov de róud

Es la paralela a ésta
It is the road parallel to this one
Its de róud párelel tu dis uán

Está muy lejos, es mejor que tome el autobús
It is a long way, you'd better take the bus
Its a long uéy, yud béta téik de bas

Sígame, yo también voy en esa dirección
Follow me, I am going in that direction too
Fóloumi, aim góing in dat dirécshien túu

Es muy difícil de explicar
It is very difficult to explain
Its véri díficult tu ixpléin

Al doblar la esquina
Round the corner
Ráund de córna

EDIFICIOS PÚBLICOS

Ayuntamiento	**Juzgado**	**Embajada**
Town Hall	Court	Embassy
Táun-jol	*Córt*	*Émbesi*

Consulado	**Correos**	**Comisaría**
Consulate	Post office	Police station
Cónsulit	*Póust ófis*	*Polís stéishen*
Hospital	**Oficina de Turismo**	**Estación**
Hospital	Tourist office	Station
Jóspital	*Túrist ófis*	*Stéishen*
Castillo	**Palacio**	**Iglesia**
Castle	Palace	Church
Cásel	*Pálas*	*Cherch*
Catedral	**Museo**	**Escuela**
Cathedral	Museum	School
Cazídral	*Miusíem*	*Scúl*
Instituto	**Universidad**	**Biblioteca Pública**
Institute	University	Public library
Ínstitiut	*Iunivérsiti*	*Páblic láibreri*

DE VIAJE

EN UNA AGENCIA DE VIAJES

Quiero ir a ... en avión
I want to go to ... by plane
I uónt tu gou tu ... bay pléin

Me gustaría salir la semana próxima
I'd like to leave next week
Aid láik tu líiv next uík

Quisiera hacer el viaje en autocar y alojarme en hoteles de dos estrellas
I'd like to make the trip by coach and stay at two stars hotels
Aid láik tu méik de trip bay cóuch and stéy at tu star joutéls

Desearía visitar la región de ...
I'd like to visit the ... region
Aid láik tu vísit de ... ríyen

¿Qué ciudades me aconseja que visite?
What towns do you advise me to visit?
Uót táuns du yu adváismi tu vísit?

¿Podría hacerme un itinerario y un presupuesto?
Could you prepare me an itinerary and an estimate?
Cud yu pripérmi an aitíneri and an éstimeit?

¿Cuánto cuesta todo eso?
What does that all cost?
Uót das dat ol cost?

Resérveme dos plazas en el autocar del ...
Book me two seats on ...'s coach
Búkmi tu síits on ... 's cóuch

De acuerdo. Mañana vendré a recoger mi billete
All right. I'll pick up my ticket tomorrow
Ol-ráit. Ail píkap mai tíket tumórou

¿Tiene Vd. folletos turísticos?
Have you got any tourist brochures?
Jáviu got éni túurist bróushas?

EN LA ADUANA

Aduana
Customs
Cástoms

Documentación
Documentation
Dokiuméntéishen

Pasaporte
Passport
Pásport

Equipaje
Luggage
Láguich

Maleta
Suit (suitcase)
Súut (súutkeis)

Regalo
Present, gift
Prísent, guift

Bolso de mano
Handbag
Jándbag

Control de pasaportes
Passport control
Pásport contróul

Derechos de aduana

Customs duties
Cástoms diútis

Permiso internacional de conducir

International driving licence
Internéishional dráiving láisens

Carta verde
Green card
Gríin card

Visado de entrada
Entry visa
Éntri vísa

Por favor, su pasaporte
Passport, please
Pásport, plíis

Aquí tiene
Here you are
Jía yu ar

El objeto de mi viaje es ...
The purpose of my journey is ...
De pérpos ov mai yérni is ...

Vacaciones, turismo, asuntos familiares, estudios
Holidays, touring, family affairs, studies
Jólideis, túuring, fámili áfers, stádis

¿Tiene Vd. algo que declarar?
Have you got anything to declare?
Jáviu got énizing tu diclér?

No tengo nada que declarar
I haven't got anything to declare
Ai jávent got énizing tu diclér

No, sólo llevo objetos de uso personal
No, I only have personal effects
Nou, ai óunly jav pérsonal ifécts

Llevo unas botellas de vino y cigarrillos
I have some bottles of wine and cigarettes
Ai jav sam bótels ov uáin and sígarets

No llevo moneda extranjera
I haven't got any foreign currency
Ai jávent got éni fóren cárensi

Abra sus maletas, por favor
Open your bags, please
Oupen yor bags, plíis

¿Qué lleva Vd. en esos paquetes?
What have you got in these parcels?
Uót jáviu got in dis pársels?

¿Puedo cerrar mis maletas?
May I close my cases?
Mei ai clóus mai kéisis?

¿Cuánto tengo que pagar de derechos?
How much duty have I to pay?
Jau mach diúti jávai tu péy?

¿Está todo en orden?
Is everything O.K.?
Is évrizing óu-kéy?

¿Dónde está la oficina de cambio?
Where is the exchange office?
Uéa is di ikschéinch ófis?

¿Cuál es la cotización de la libra?
What is the rate for the pound?
Uót is de réit for de páund?

¿Puede cambiarme ... en libras?
Can you change me ... into pounds?
Can yu chéinch mi ... íntu páunds?

¿Dónde hay taxis?
Where are the taxis?
Uéa ar de téksis?

EN AVIÓN

Aeropuerto
Airport
Éerport

Pasajero
Passenger
Pásenyer

Horario
Timetable
Táim-téibel

Facturación
Check-in desk
Chékin desk

Billete
Ticket
Tíket

Líneas aéreas
Airlines
Eerláins

Español — Inglés

Vuelo	**Llegadas**	**Salidas**
Flight	Arrivals	Departures
Fláit	*Aráivels*	*Dipárchas*
Avión	**Piloto**	**Azafata**
Plane	Pilot	Stewardess
Pléin	*Páilot*	*Stíuardes*
Asiento	**(No) fumador**	**Ventanilla**
Seat	(Non) smoker	Window
Síit	*(Non) smóuka*	*Uíndou*

Tripulación
Crew
Cruu

Retraso
Delay
Diléy

Exceso de equipaje
Excess weight
Eksés uéi

Tarjeta de embarque
Boarding pass
Bórding pas

Sala de espera
Departures lounge
Dipárchas láunch

Puerta de embarque
Gate
Guéit

Vuelo suspendido
Flight cancelled
Fláit cánselt

Chaleco salvavidas
Life jacket
Láif yáket

El vuelo con destino a ... (procedente de ...)
The flight to ... (from...)
De fláit tu ... (from...)

Objetos perdidos
Lost and found
Lost and fáund

¿Con qué antelación hay que estar en el aeropuerto?
How soon should we be at the airport before take-off?
Jau súun chud uí bi at di éerport bifór téikof?

¿Cómo puedo ir al aeropuerto?
How can I get to the airport?
Jau cánai guet tu di éerport?

¿Cuánto peso está permitido?
What weight am I allowed?
Uót uéi ámai aláud?

¿A qué hora sale el avión para ...?
What time does the plane to ... leave?
Uót táim das de pléin tu ... líiv?

Se ruega a los pasajeros del vuelo ... embarquen por la puerta ...
Passengers for flight ... go to gate ...
Pásenyers for fláit ... góu tu guéit ...

¡Deprisa! Nos están llamando por los altavoces
Hurry up! We have been called over the loudspeaker
Jári ap! Uí jav bíin cold ova de laudspíika

Español — Inglés

Por favor, abróchense los cinturones
Fasten your seat belts, please
Fásen yor síit belts, plíis

Prohibido fumar
No smoking
Nou smóuking

Tomaremos tierra dentro de diez minutos
We shall land in ten minutes
Uí shel land in ten mínits

Recojan su equipaje en la terminal
Pick up your luggage at the terminus
Pícap yor láguich at de términes

Se me ha perdido una maleta
One of my suitcases has been lost
Uán ov mai suutkéisis jav bíin lost

EN TREN

Tren	**Estación**	**Andén**
Train	Station	Platform
Tréin	*Stéishen*	*Plátform*

Vía	**Vagón**	**Litera**
Track	Carriage	Sleeper
Trak	*Cárich*	*Slíipa*

Compartimento	**Viajero**	**Revisor**
Compartment	Passenger	Inspector
Compártment	*Pásenyer*	*Inspéctor*

Bolsa	**Mochila**	**Maletín**
Bag	Rucksack	Briefcase
Bag	*Rúksak*	*Briifkeis*

Billete de ida (de ida y vuelta)
Single (return) ticket
Sínguel (ritárn) tíket

Primera, segunda clase
First, second class
Ferst, sécond clas

Coche-cama
Sleeping car
Slíiping car

Cuadro de horarios
Timetable
Táim-téibel

Consigna
Left-luggage office
Left-láguich ófis

Despacho de billetes
Ticket office
Tíket ófis

Talgo, tren de cercanías, tren directo
Inter City, short distance train, express train
Inter síti, short dístans tréin, ixprés tréin

¿Dónde está la estación de trenes?
Where is the railway station?
Uéa is de réil-uéy stéishen?

Español — Inglés

¿Cómo puedo llegar a la estación lo antes posible?
What is the quickest way to get to the station?
Uóts de cuíkest uéy tu guet tu de stéishen?

¡Lléveme a la estación. Tengo mucha prisa!
Can you take me to the station? I am in a great hurry!
Can yu téikmi tu de stéishen? Aim in a gréit jári!

¿En qué ventanilla despachan los billetes para ...?
At which ticket office do I get a ticket to ...?
At uích tíket ófis du ai guet a tíket tu ...?

¿Cúanto cuesta un billete de ida y vuelta a ...?
How much does a return ticket to ... cost?
Jau mach das a ritárn tíket tu ... cost?

¿Hay descuentos para estudiantes/niños/pensionistas?
Is there a half price ticket for students/children/pensioners?
Is déa a jaf práis tíket for stiúdents/chíldren/pénshenas?

Dos billetes para ...	**¿Para qué tren?**
Two tickets to ...	By which train?
Túu tíkets tu ...	*Bay uích tréin?*

¿Hay un tren para ...?	**¿Es éste el tren para ...?**
Is there a train to ...?	Is this the train to ...?
Is déa a tréin tu ...?	*Is dis de tréin tu ...?*

¿A qué hora sale el tren para ...?
What time does the train to ... leave?
Uót táim das de tréin tu ... líiv?

¿De qué andén sale el tren para ...?
Which platform does the train to ... leave from?
Uích plátform das de tréin tu ... líiv from?

¿Tengo que hacer transbordo? ¿Hay correspondencia con ...?
Do I have to change trains? Is there a connection for ...?
Du ai jav tu chéinch tréins? Is déa a conécshen for ...?

¿Para este tren en ...?
Does this train stop at ...?
Das dis tréin stop at ...?

¿A qué hora llega a ...?
What time does it arrive at ...?
Uót táim dásit aráiv at ...?

¿Está libre/ocupado este asiento?
Is this seat vacant/ocuppied?
Is dis síit véicant/ókiupaid?

¿Puede cerrar la ventanilla, por favor?
Could you close the window, please?
Cud yu clóus de uíndou, plíis?

¿Cuál es la próxima estación?
Which station is next?
Uích stéishen is next?

Llevamos diez minutos de retraso
We are running ten minutes late
Uí ar ráning ten mínits léit

EN COCHE

Carretera
Road
Róud

Autopista
Motorway
Móutor-uéy

Autovía
Dual carriage way
Dúal cárich uéy

Carretera Nacional
Main road
Méin róud

Peaje
Toll
Tol

Cruce
Crossroads
Crósrouds

Paso a nivel
Level crossing
Lével crósing

Curva peligrosa
Dangerous bend
Déinyerous bend

Desviación
Diversion
Dáivershen

Coche
Car
Car

Autocar
Coach
Cóuch

Camión
Lorry
Lóri

Autobús
Bus
Bas

Furgoneta
Van
Van

Moto
Motorcycle
Móutor-sáikel

Dirección única
One-way street
Uán-uéy stríit

Paso de peatones
Pedestrian crossing
Pidéstrian crósing

Ceda el paso
Give way
Guiv uéy

Límite de velocidad
Speed limit
Spíid límit

Calle sin salida
Dead end
Déed end

Señal de tráfico
Road sign
Róud sáin

Obras
Roadworks
Róud-uórks

Permiso de conducir
Driving licence
Dráiving láisens

Conduzca por la izquierda
Keep left
Kíip left

Para ir a ..., por favor
The road to ..., please
De róud tu ..., plíis

¿Es ésta la carretera para ...?
Is this the way to ...?
Is dis de uéy tu ...?

¿A qué distancia está ...?
How far is ...?
Jau far is ...?

No está lejos. Hay unas ... millas
It is not far. There are some ... miles
Its not far. Déa ar sam ... máils

¿Es buena la carretera?
Is the road good?
Is de róud gud?

Hay muchas curvas
There are many bends
Déa ar méni bends

¿Dónde puedo comprar un mapa de carreteras?
Where can I buy a road map?
Uéa cánai bay a róud map?

¿Cuál es la mejor carretera para ir a la costa?
Which is the best road to get to the coast?
Uích is de best róud to guet tu de cóust?

¿Cuánto tiempo se necesita para ir a ...?
How long does it take to get to ...?
Jau long dásit téik tu guet tu ...?

¿Puede indicarme qué dirección debo tomar para salir a la carretera nacional?
Can you tell me how to get to the main road?
Can yu télmi jau tu guet tu de méin róud?

¿Puedo aparcar aquí?
Can I park here?
Cánai park jía?

No hay aparcamiento
There is no parking place
Déa is nou párking pléis

ALQUILER DE AUTOS

Deseo alquilar un coche
I want to rent a car
Ai uónt tu rent a car

¿Cuál es el precio por km. (por día)?
What is the cost per mile (per day)? (1 mile = 1,6 km.)
Uóts de cost per máil (per déy)?

¿Cuántos días?	**Seguro incluido**
For how many days?	Insurance included
For jau méni déis?	*Inshúerens inclúdid*

Son ... libras más I.V.A.
It is ... pounds plus V.A.T.
Its ... páunds plas VAT

¿Tengo que dejar un depósito?
Must I leave a deposit?
Mast ai líiv a dipósit?

¿Puedo pagar con tarjeta?
Can I pay with a credit card?
Cánai péy uíd a crédit card?

EN COCHE (SERVICIOS Y AVERÍAS)

Gasolinera	**Gasolina**	**Aire**
Filling station	Petrol	Air
Fílin-stéishen	*Pétrol*	*Éer*

Aceite	**Agua**	**Depósito**
Oil	Water	Tank
Óil	*Uóta*	*Tank*

Taller	**Avería**	**Pinchazo**
Repair shop	Breakdown	Puncture
Ripér shop	*Bréik-dáun*	*Pánkcha*
Matrícula	**Retrovisor**	**Tubo de escape**
Number-plate	Wing mirror	Exhaust-pipe
Námba-pléit	*Uíng míror*	*Exóst páip*
Faro	**Intermitente**	**Piloto**
Headlight	Indicator	Rear-light
Jéed-láit	*Índikéiter*	*Ría-láit*
Capó	**Maletero**	**Puerta**
Bonnet	Boot	Door
Bónet	*Búut*	*Dóor*
Parabrisas	**Ventanilla**	**Parachoques**
Windscreen	Window	Bumper
Uíndscrin	*Uíndou*	*Bámpa*
Rueda	**Neumático**	**Rueda de repuesto**
Wheel	Tyre	Spare wheel
Uíil	*Táia*	*Spéa uíl*
Amortiguador	**Motor**	**Estárter**
Shock absorber	Engine	Starter motor
Shok absórba	*Ényin*	*Stárta móutor*
Carburador	**Alternador**	**Guardabarros**
Carburetor	Alternator	Mudguard
Cárbiureter	*Alternéiter*	*Mad-gárd*

Español — Inglés

Bobina	**Batería**	**Bujía**
Coil	Battery	Spark plug
Cóil	*Bátri*	*Spark plag*
Fusible	**Pistón**	**Biela**
Fuse	Piston	Connecting rod
Fiús	*Píston*	*Conécting rod*
Cigüeñal	**Culata**	**Junta de culata**
Crankshaft	Cylinder head	Cylinder head joint
Cránkshaft	*Sílinda jed*	*Sílinda jed yoint*
Cárter	**Correa de ventilador**	**Radiador**
Crankcase	Fan belt	Radiator
Kránk-kéis	*Fan belt*	*Réidieiter*
Filtro de aire (aceite)	**Caja de cambio**	**Embrague**
Air (oil) filter	Gearbox	Clutch
Éer (óil) fílta	*Guía-box*	*Clach*
Volante	**Llave de contacto**	**Palanca de cambio**
Steering-wheel	Ignition key	Gear lever
Stíiring uíil	*Igníshen kíi*	*Guía léva*
Pedal de freno	**Freno de mano**	**Acelerador**
Footbrake	Handbrake	Accelerator pedal
Fúut-bréik	*Jánd-bréik*	*Akseleréiter pédel*

Gato	**Herramientas**	**Piezas de repuesto**
Jack	Set of tools	Spare parts
Yak	*Set ov túuls*	*Spéa parts*

Primera, segunda, tercera (marcha)
First, second, third gear
Ferst, sécond, zerd guía

Marcha atrás
Reverse
Rivérs

¿Hay una gasolinera cerca de aquí?
Is there a filling station near here?
Is déa a fílin-stéishen nía jía?

Lleno, por favor
Fill her, please
Fíl jer, plíis

Cinco galones de gasolina sin plomo, por favor
Put in five gallons of unleaded petrol, please
Put in fáiv gálons ov anlédid pétrol, plíis

¿Cúanto es?
How much is it?
Jau mach isít?

Son ... libras
It is ... pounds
Its ... páunds

Español — Inglés

Necesito agua
I need some water
Ai níid sam uóta

Revise los neumáticos
Examine the tyres
Igsámin de táias

Deme una lata de aceite, por favor
Please, give me a can of oil
Plíis, guívmi a can ov óil

¿Cuánto tardarán en lavarlo?
How long will it take to wash it?
Jau long uíl it téik tu uóshit?

¿Dónde hay un taller?
Where is a repair shop?
Uéa is a ripér shop?

Mi coche se ha averiado a ... millas de aquí
My car has broken down ... miles from here
Mai car jas bróuken dáun ... máils from jía

¿Pueden remolcar mi coche?
Can you tow my car?
Can yu tóu mai car?

¿Qué le pasa?
What is the matter?
Uóts de máta?

La batería está descargada
The battery is dead
De bátri is déed

El motor no arranca
The engine won't start
Diényin uónt start

El radiador pierde
The radiator leaks
De réidieiter líiks

Revise los frenos
Check the brakes
Chek de bréiks

No funciona el embrague
The clutch does not work
De clach dásent uórk

La correa del ventilador está rota
The fan belt is broken
De fan belt is bróuken

Se han fundido los fusibles
The fuses are burned
De fiúsis ar bernd

¿Pueden hacer un arreglo provisional?
Can you repair it temporarily?
Can yu ripér it temperérili?

¿Cuánto tardarán en arreglarlo?
How long will it take to repair it?
Jau long uílit téik tu ripér it?

Español — Inglés

Por favor, repárelo lo antes posible
Please, repair it as soon as possible
Plíis, ripér it as súun as pósibel

Tenemos que pedir repuestos
We have to send for spare parts
Uí jav tu send for spéa parts

Ya está arreglado
It is already repaired
Its ólredi ripérd

¿Puede Vd. ayudarme?
Can you help me?
Can yu jélpmi?

Ha habido un accidente a ... millas de aquí
There has been an accident ... miles from here
Déa jas bíin an áksident ... máils from jía

¿Dónde está el hospital más próximo?
Where is the nearest hospital?
Uéa is de níerest jóspital?

Por favor, llamen a una ambulancia
Please telephone an ambulance
Plíis, télifoun an ámbiulans

Aquí está mi póliza de seguros (los papeles del coche)
Here is my insurance cover (the car documents)
Jía is mai inshúerens cáva (de car dókiuments)

EN BARCO

Puerto
Port
Port

Muelle
Quay (dock)
Kíi (dok)

Barco
Ship
Ship

Yate
Yacht
Yot

Transbordador
Ferry
Féri

Transatlántico
Cruise ship
Crúus ship

Cubierta
Deck
Dek

Hamaca
Deck-chair
Dek-chéa

Camarote
Cabin
Cábin

Bodega
Hold
Jóuld

Proa
Bow
Bóu

Popa
Stern
Stern

Español — Inglés

Babor	**Estribor**	**Timón**
Port side	Starboard	Rudder
Port sáid	*Stárbord*	*Ráda*
Capitán	**Camarero**	**Marinero**
Captain	Steward	Sailor
Cápten	*Stíuard*	*Séilor*
Levar anclas	**Atracar**	**Hacer escala**
To heave up anchor	To come alongside	To call (at a port)
Tu jiv ap ánkor	*Tu cam elongsáid*	*Tu col (at a port)*

¿Por dónde se va al puerto?
Which way is it to the port?
Uích uéy isít tu de port?

¿Qué día (a qué hora) sale el barco?
On what day (at what time) does the ship sail?
On uót déy (at uót táim) das de ship séil?

Quiero un pasaje para ...
I want a ticket for ...
Ai uónt a tíket for ...

Quisiera reservar una litera/un camarote/un pasaje de cubierta
I'd like to book a sleeper/a cabin/a deck passenger ticket
Aid láik tu buk a slíipa/a cábin/a dek pásenyer tíket

Deme un camarote de primera clase
Give me a first class cabin
Guívmi a ferst clas cábin

Debe estar en el puerto dos horas antes de la salida
You must be at the port two hours before sailing
Yu mast bi at de port túu áuas bifór séiling

¿Puede decirme el nombre del barco?
Can you tell me the name of the ship?
Can yu télmi de néim ov de ship?

¿Cuánto dura la travesía?
How long is the crossing?
Jau long is de crósing?

¿Puede darme algunas etiquetas para el equipaje?
Can you give me a few labels for my luggage?
Can yu guívmi a fiú léibels for mai láguich?

¿De qué muelle sale el barco?
Which quay does the ship sail?
Uích kíi das de ship séil?

¿En qué lado está mi camarote?
Which side is my cabin on?
Uích sáid is mai cábin on?

Por aquí, ¡cuidado con la cabeza!
This way, mind your head!
Dis uéy, máind yor jed!

Español — Inglés

Estos bultos tienen que ir en la bodega
These parcels must travel in the baggage hold
Dis pársels mast trável in de báguich jóuld

¿Cuántas escalas haremos antes de llegar a ...?
How many ports do we call at before arriving at ...?
Jau méni ports du uí col at bifór aráiving at ...?

¿Hay tiempo para desembarcar?
Is there time to go ashore?
Is déa táim tu góu ashóo?

Estoy mareado. ¿Tiene Vd. algo contra el mareo?
I am seasick. Have you got anything for seasickness?
Aim sísik. Jáviu got énizing for sísiknes?

Ya estamos entrando en el puerto
We are coming into the harbour
Uí ar cáming íntu de járbor

MEDIOS DE TRANSPORTE URBANO

Autobús	**Metro**	**Taxi**
Bus	Underground	Taxi
Bas	*Ándergraund*	*Téksi*

Tranvía	**Billete**	**Parada de autobús**
Tram	Ticket	Bus stop
Tram	*Tíket*	*Bástop*

Parada solicitada
Request stop
Ricuést stop

Entrada
Way in/Entrance
Uéy in/Éntrans

Salida
Way out/Exit
Uéy áut/Éksit

Quiero ir a ...
I want to go to ...
Ai uónt tu góu tu ...

¿Qué autobús (tranvía) tengo que tomar?
Which bus (tram) must I take for ...?
Uích bas (tram) mast ai téik for ...?

¿Dónde para el autobús nº ...?
Where does the number ... bus stop?
Uéa das de námba ... bas stop?

¿Pasa este autobús por ...?
Does this bus go to ...?
Das dis bas góu tu ...?

¿Con qué frecuencia pasa el autobús?
How often is the bus?
Jau ófen is de bas?

¿Qué autobús (metro) tengo que coger para ir a la estación de trenes?
Which bus (underground) can I take to get to the railway station?
Uích bas (ándergraund) cánai téik tu guet tu de réil-uéy stéishen?

¿Cuánto cuesta un billete de ida?
How much does it a single ticket cost?
Jau mach dás a sínguel tíket cost?

Dos billetes, por favor
Two tickets, please
Túu tíkets, plíis

¿Dónde tengo que bajarme para ir a ...?
Where must I get off for ...?
Uéa mast ai guetóf for ...?

¿Está ocupado/libre este asiento?
Is this seat occupied/vacant?
Is dis síit ókiupaid/véicant?

¿Dónde puedo encontrar un taxi?
Where can I get a taxi?
Uéa cánai guet a téksi?

¿Cuánto cuesta un taxi hasta el aeropuerto?
How much does a taxi to the airport cost?
Jau mach dás a téksi tu di éerport cost?

¿Cuál es la tarifa para ...?
How much is the fare for ...?
Jau mach is de fée for ...?

Libre (en los taxis)	**Lléveme a la calle ...**
For hire	Take me to ... street
For jáia	*Téikmi tu ... stríit*

¿Sabe Vd. dónde está ...?
Do you know where ... is?
Du yu nóu uéa ... is?

Pare aquí, por favor
Stop here, please
Stop jía, plíis

¿Puede esperar un momento?
Can you wait a minute?
Can yu uéit a mínit?

Ya hemos llegado
Here you are
Jía yu ar

¿Cuánto es?/¿Qué le debo?
How much is it?/How much do I owe you?
Jau mach isít?/Jau mach duái óu yu?

Quédese con la vuelta
Keep the change
Kíip de chéinch

HOTELES

LA LLEGADA

Hotel
Hotel
Joutél

Pensión
Guest-house,
boarding house
*Guest-jáus,
bórding-jáus*

Albergue
Youth hostel
Yúuz jóstel

Recepción
Reception
Risépshen

Recepcionista
Recepcionista
Risépshenist

Gerente
Manager
Mánaya

Portero
Doorman
Dóorman

Botones
Valet
Válet

Camarera
Chambermaid
Chéimba-meid

Huésped
Guest
Guest

Llave
Key
Kíi

Propina
Tip
Tip

Temporada baja (alta)
Low (high) season
Lóu (jái) síisen

Alojamiento
Accommodation
Acomodéishen

Estancia
Stay
Stéy

Ascensor
Lift
Lift

Planta
Floor
Flóor

Comedor
Dining room
Dáining-rum

Cuarto de baño
Bathroom
Bázrum

Aire acondicionado
Air conditioning
Éer condíshening

(*) Motel (moutél): Hotel de carretera
(*) Bed & breakfast: Alojamientos en casas privadas

Habitación individual/doble/con dos camas
Single/double/twin room
Sínguel/dábel/tuín rum

Desayuno/media pensión/pensión completa
Breakfast/half board/full board
Brékfast/jaf bord/ful bord

¿Tienen habitaciones libres?
Have you got any rooms?
Jáviu got éni rums?

Tengo reservada una habitación a nombre de ...
I have booked a room for ...
Ai jav búukt a rum for ...

Desearía una habitación exterior (interior)
I want an outside (inside) room
Ai uónt an áutsaid (ínsaid) rum

Quisiera una habitación con vistas al lago
I would like a room facing the lake
Aid láik a rum féising de léik

Quiero una habitación con baño y teléfono
I want a room with a bath and telephone
Ai uónt a rum uíd a baz and télifoun

¿Incluido el desayuno?
Breakfast included?
Brékfast inclúdid?

¿Cuál es el precio?
How much is it?
Jau mach isít?

Son ... libras, V.A.T. (=I.V.A) incluido
It is ... pounds, including V.A.T.
Its ... páunds, inclúding VAT

Su habitación es la número ... en la tercera planta, al fondo del pasillo
Your room is number ... on the third floor, at the end of the corridor
Yor rum is námba ... on de zerd flóor, at di end ov de córidor

¿Puedo ver la habitación?
May I see the room?
Mei ai síi de rum?

Está bien. Me quedo con ella
It is all right. I'll take it
Its ol-ráit. Ail téikit

Es demasiado pequeña. ¿No tienen otra más amplia?
It is too small. Have you got another room bigger?
Its túu smol. Jáviu got anóda rum bíga?

Tiene Vd. que rellenar la hoja de registro
You have to fill in the hotel registration form
Yu jav tu fil in de joutél reyistréishen form

¿Cuánto tiempo piensa quedarse?
How long will you be staying?
Jau long uíl yu bi stéiing?

Unos cinco días
About five days
Abáut fáiv déis

Súbanme el equipaje, por favor
Send up my luggage, please
Send ap mai láguich, plíis

¿A qué hora se sirve el desayuno?
At what time is breakfast served?
At uót táim is brékfast servd?

Haga el favor de despertarme a las siete

Please wake me at seven

Plíis uéikmi at séven

LA ESTANCIA

Cama	**Colchón**	**Almohada**
Bed	Mattress	Pillow
Bed	*Mátres*	*Pílou*
Manta	**Sábanas**	**Grifo**
Blanket	Sheets	Tap
Blánket	*Shíits*	*Tap*
Interruptor	**Toalla**	**Jabón**
Switch	Towel	Soap
Suích	*Táuel*	*Sóup*
Vaso	**Cenicero**	**Queja**
Glass	Ashtray	Claim
Glas	*Áshtrey*	*Cléim*

No molestar
Do not disturb
Du not distérb

Para lavar
For the laundry
For de lóondri

Mi llave, por favor, número ...
My key, please, number ...
Mai kíi, plíis, námba ...

Súbanme el desayuno a la habitación
Serve my breakfast in my room
Serv mai brékfast in mai rum

EL DESAYUNO

Café
Coffee
Cófi

Té
Tea
Tíi

Leche
Milk
Milk

Chocolate
Chocolate
Chóclit

Pan
Bread
Bred

Mantequilla
Butter
Báta

Yogur	**Huevo**	**Tostada**
Yoghurt	Egg	Toast
Yóugut	*Eg*	*Tóust*
Mermelada	**Cereales**	**Miel**
Jam	**Corn flakes**	**Honey**
Yam	*Corn fléiks*	*Jáni*

Mermelada de naranja
Marmalade
Mármeleid

Zumo de naranja
Orange juice
Órinch yúus

Huevos fritos con bacon
Bacon and eggs
Béikon and egs

Arenque ahumado
Kipper
Kípa

Salchicha
Sausage
Sósich

Papilla de avena
Porridge
Pórich

¿Podría tomar algo a esta hora?
May I have something to eat now?
Mei ai jav sámzing tu íit náu?

El comedor está cerrado
The dining room is closed
De dáing-rum is clóust

Cárguelo en mi cuenta. Habitación nº ...
Put it on my bill. Room number ...
Pútit on mai bil. Rum námba ...

Por favor, plánchame estos pantalones
Please, iron these trousers
Plíis, áiron díis tráusas

¿Hay cartas para mí?
Is there any letters for me?
Is déa éni létas for mi?

¿Tienen un plano de la ciudad?
Have you got a street plan?
Jáviu got a stríit plan?

¿Dónde está la guía telefónica?
Where is the telephone directory?
Uéa is de télifoun diréctori?

Deseo hacer una llamada
I want to make a telephone call
Ai uónt tu méik a télifoun col

El interruptor del cuarto de baño no funciona bien
The switch in the bathroom does not work properly
De suítch in de bázrum dásent uórk própali

El agua está fría
The water is cold
De uóta is cóuld

¿Donde puedo echar estas cartas?
Where can I post these letters?
Uéa cánai póust díis létas?

Mándeme un taxi, por favor
Please, send for a taxi
Plíis, send for a téksi

Quiero un guía que hable español
I want a guide who speaks Spanish
Ai uónt a gáid ju spíiks Spánish

Quiero alquilar un coche
I want to rent a car
Ai uónt tu rent a car

¿Hay garaje en el hotel?
Is there a garage in the hotel?
Is déa a gárich in de joutél?

LA SALIDA

Nos vamos el ...
We are leaving on ...
Uí ar líiving on ...

¿Quiere prepararme la cuenta?
Could you make out my bill?
Cud yu méikaut mai bil?

Creo que se han equivocado. Repásela, por favor
I think there is a mistake. Please check it
Ai zink déa is a mistéik. Plíis chékit

¿Está todo incluido?
Is everything included?
Is évrizing inclúdid?

¿Puedo dejar estas cosas aquí hasta mediodía?
Could I leave these things here until midday?
Cud ai líiv díis zings jía ontíl míd-dey?

Bájenme las maletas, por favor
Send down my luggage, please
Send dáun mai láguich, plíis

¡Buen viaje!
Have a good journey!
Jav a gud yérni!

¡Muchas gracias por todo!
Thank you for everything
Zénkiu for évrizing

BARES Y RESTAURANTES

EN UN BAR

¿Hay un bar cerca de aquí?
Is there a bar near here?
Is déa a bar nía jía?

¿Puede indicarme un bar donde se pueda comer algo?
Can you suggest a bar where you can get something to eat?
Can yu seyést a bar uéa yu can guet sámzing tu íit?

Quiero un/una ...
I would like a/an ...
Aid láik a/an ...

¿Puede hacerme un bocadillo?
Can you make me a sandwich?
Can yu méikmi a sánd-uich?

¿Tienen platos calientes?
Have you got any hot dishes?
Jáviu got éni jot díshis?

¿Qué tipo de ... tienen?
What kind of ... have you got?
Uót káind ov ... jáviu got?

¿Podemos sentarnos en esta mesa?
Can we sit at this table?
Can uí sit at dis téibel?

¿Puede traernos otro/a ...?
Could you bring us another ...?
Cud yu bring as anóda ...?

¿Tienen teléfono?
Have you got a telephone?
Jáviu got a télifoun?

¿Dónde están los servicios?
Where is the toilet?
Uéa is de tóilet?

La cuenta, por favor
The bill, please
De bil, plíis

¿Cuánto es?
How much is it?
Jau mach isít?

Comidas rápidas

Pescado y patatas fritas
Fish and chips
Fish and chips

Pastel de carne y riñones
Steak and kidney pie
Stéik and kídni pái

Tostadas de sardinas/anchoas
Devils on horseback
Dévils on jórsbak

Pastel de carne picada
Shepherd's pie
Shéferds pái

Arenques en escabeche
Pickled herrings
Píkeld jérings

Jamón ahumado y bacon

Gammon
Gámon

Bebidas

Café con leche
White coffee
Uáit cófi

Zumo de naranja
Orange juice
Órinch yúus

Té con limón (leche)
Tea with lemon (milk)
Tii uíd lémon (milk)

Café solo
Black coffee
Blak cófi

Leche fría/caliente
Cold/hot milk
Cóuld/jot milk

Chocolate caliente
Hot chocolate
Jot chóclit

Agua mineral (con/sin gas)
Mineral water (sparkling/still)
Míneral uóta (spárkling/stíl)

Cerveza	**Caña**	**Jarra**
Beer	Draft beer	Pint
Bía	*Draft bía*	*Páint*

Un vaso de ... **Una taza de ...**
A glass of ...   A cup of ...
A glas ov ...   *A cap ov ...*

LA MESA

Mesa	**Silla**	**Mantel**
Table	Chair	Tablecloth
Téibel	*Chéa*	*Téibel-cloz*

Servilleta	**Plato**	**Cuchara**
Serviette	Dish	Spoon
Serviét	*Dish*	*Spúun*

Tenedor	**Cuchillo**	**Cucharilla**
Fork	Knife	Dessert spoon
Fóok	*Náif*	*Désert spúun*

Vaso	**Copa**	**Taza**
Glass	(Wine) glass	Cup
Glas	*(Uáin) glas*	*Cap*

Camarero	**Maitre**	**Propina**
Waiter	Head waiter	Tip
Uéita	*Jed uéita*	*Tip*

¿Puede recomendarme un restaurante típico?
Can you suggest a restaurant for local cuisine?
Can yu seyést a réstorant for lóucal cuisíin?

Una mesa para dos, por favor
A table for two, please
A téibel for túu, plíis

Quisiera reservar una mesa para ... personas para las ...
I would like to book a table for ... people for ...
Aid láik tu búuk a téibel for ... pípel for ...

¿Podemos tener ...
Can we have ...
Can uí jav ...

> **una mesa cerca de la ventana?**
> a table near the window?
> *a téibel nía de uíndou?*

una mesa tranquila?
a quiet table?
a cuáiet téibel?

una mesa lejos de la puerta?
a table away from the door?
a téibel euéy from de dóor?

¿Está reservada esta mesa?
Is this table reserved?
Is dis téibel risérvd?

¿Dónde podemos sentarnos?
Where can we sit?
Uéa can uí sit?

Estoy esperando a unos amigos
I am waiting for some friends
Aim uéiting for sam frends

¿Puede traerme un aperitivo?
Can you bring me an apéritif?
Can yu bríngmi an apéritif?

¿Puede traerme la carta?
Can you bring me the menu?
Can yu bríngmi de méniu?

¿Tiene una carta de vinos?
Have you got a wine list?
Jáviu got a uáin list?

¿Puede recomendarme algo especial?
Could you suggest something special?
Cud yu seyést sámzing spéshal?

¿Cuál es la especialidad de la casa?
What is the local speciality?
Uóts de lóucal speshiáliti?

¿Qué vino me recomienda?
Which wine do you recommend?
Uích uáin du yu recoménd?

¿Cuáles son los ingredientes de este plato?
What are the ingredients of this dish?
Uót ar di ingríidients ov dis dish?

¿Qué les sirvo?
What would you like?
Uót wud yu láik?

Tráigame (tráiganos) ...
Bring me (us) ...
Bring mi (as) ...

De primero, ...	**De segundo, ...**
First of all, ...	Afterwards, ...
Ferst ovól, ...	*Áfta-uárds*

Lo mismo para mí
The same for me
De séim for mi

Está bien, gracias
Enough, thanks
Enáf, zanks

Más, por favor
More, please
Móor, plíis

¿Puede traerme ...
Can I have ...
Cánai jav ...

otro vaso	**más pan**	**sal y pimienta**
another glass	some more bread	salt and pepper
anóda glas	*sam móor bred*	*solt and pépa*

Esta comida está fría.
This dish is cold.
Dis dish is cóuld.

¿Puede calentármela?
Could you heat it for me?
Cud yu jíitit for mi?

Esta comida está poco hecha. ¿Pueden pasarla un poco más?
This dish is underdone. Could you cook it a little more?
Dis dish is ánder-dan. Cud yu cúkit a lítel móor?

¿Qué tienen de postre?
What is there for dessert?
Uót is déa for désert?

¿Tomarán café?
Will you have a coffee?
Uíl yu jav a cófi?

Español — Inglés

La cuenta, por favor
The bill, please
De bil, plíis

¿Puedo pagar con tarjeta?
Do you accept credit cards?
Du yu aksépt crédit cards?

Necesito la factura
I need the receipt
Ai níid de risíit

Quédese con la vuelta
Keep the change
Kíip de chéinch

Por favor, ¿me da fuego?
Have you got a lighter/light, please?
Jáviu got a láita/láit, plíis?

TÉRMINOS CULINARIOS

Frito
Fried
Fráid

Hervido
Boiled
Bóild

Asado
Roast(ed)
Róust(id)

A la plancha
Grilled
Grild

Tostado
Toasted
Tóustid

Al horno
Baked
Béikt

Picante
Hot
Jot

Crudo
Raw
Róo

Agrio
Sour
Sáua

Ahumado
Smoked
Smóukt

Salado
Salty
Sólti

Soso
Unsalted
Onsoltid

Poco hecho	**Medio**	**Muy hecho**
Rare (underdone)	Medium	Well done
Réa (ánder-dan)	*Mídiem*	*Uél dan*

Condimentos

Sal	**Pimienta**	**Especia**
Salt	Pepper	Spice
Solt	*Pépa*	*Spáis*
Aceite	**Vinagre**	**Salsa**
Oil	Vinegar	Sauce
Óil	*Vínegar*	*Sóos*
Mostaza	**Mayonesa**	**Pimentón**
Mustard	Mayonnaise	Paprika
Mástard	*Meionéis*	*Páprika*

Entremeses

Mantequilla	**Pan**	**Aceitunas**
Butter	Bread	Olives
Báta	*Bred*	*Ólivs*
Queso	**Jamón**	**Embutidos**
Cheese	Ham	Cooked meats
Chíis	*Jam*	*Cukt míits*

Huevos

Frito	**Pasado por agua**	**Duro**
Fried	Soft-boiled	Hard-boiled
Fráid	*Soft-bóild*	*Jard-bóild*

Revuelto	**Tortilla**
Scrambled	Omelet
Scrámbeld	*Ómlet*

COMIDAS Y BEBIDAS

Carne

Ternera	**Cerdo**	**Cordero**
Veal	Pork	Lamb
Víil	*Pork*	*Lamb*

Buey	**Pollo**	**Pato**
Beef	Chicken	Duck
Bíif	*Chíken*	*Dak*

Hígado	**Riñones**	**Lomo**
Liver	Kidneys	Loin
Líva	*Kídnis*	*Lóin*

Carne picada	**Chuleta**	**Costilla**
Mince	Chop	Rib
Mins	*Chop*	*Rib*

Filete	**Solomillo**	**Asado de vaca**
Steak	Sirloin	Roast beef
Stéik	*Sérloin*	*Róust bíif*

Pescado y marisco

Sardina	**Anchoa**	**Atún**
Sardine	Anchovy	Tuna
Sárdin	*Ánchovi*	*Túna*

Lenguado	**Merluza**	**Bacalao**
Sole	Hake	Cod
Sóul	*Jéik*	*Cod*

Salmón	**Salmonete**	**Caballa**
Salmon	Red mullet	Mackerel
Sáamon	*Red málet*	*Mácrel*

Anguila	**Arenque**	**Trucha**
Eel	Herring	Trout
Iíl	*Jéring*	*Tráut*

Gamba	**Langostino**	**Langosta**
Shrimp	Prawn	Lobster
Shrimp	*Pron*	*Lóbsta*

Mejillón	**Ostra**	**Cangrejo**
Mussel	Oyster	Crab
Másel	*Óista*	*Crab*

Verduras

Lechuga	**Tomate**	**Patata**
Lettuce	Tomato	Potato
Létis	*Toméitou*	*Potéitou*
Pepino	**Cebolla**	**Ajo**
Cucumber	Onion	Garlic
Kiucámba	*Ónion*	*Gárlic*
Pimiento	**Zanahoria**	**Espinaca**
(Green, red) pepper	Carrot	Spinach
(Gríin, red) pépa	*Cárot*	*Spínich*
Espárrago	**Berenjena**	**Seta**
Asparagus	Aubergine	Mushroom
Aspáragas	*Óubeyiin*	*Máshrum*
Alcachofa	**Col**	**Coliflor**
Artichocke	Cabbage	Cauliflower
Ártichouk	*Cábich*	*Cóliflaua*
Judías verdes	**Apio**	**Puerro**
Green beans	Celery	Leek
Gríin bíins	*Séleri*	*Líik*
Guisantes	**Maíz**	**Remolacha**
Peas	Sweet corn	Beetroot
Píis	*Suíit corn*	*Bíi-truut*

Frutas y postres

Naranja
Orange
Órinch

Limón
Lemon
Lémon

Pomelo
Grapefruit
Gréipfruut

Manzana
Apple
Ápel

Pera
Pear
Péa

Melocotón
Peach
Píich

Ciruela
Plum
Plam

Albaricoque
Apricot
Éipricot

Cereza
Cherry
Chéri

Fresa
Strawberry
Stróberi

Frambuesa
Raspberry
Ráspberi

Uva
Grape
Gréip

Plátano
Banana
Banána

Melón
Melon
Mélon

Piña
Pineapple
Painápel

Pastel
Pie
Pái

Tarta
Cake
Kéik

Helado
Ice cream
Ais-críim

Nata
Cream
Críim

Natillas
Custard
Cástard

Queso
Cheese
Chíis

Español — Inglés

Macedonia de frutas
Fruit salad
Frúut sálad

Tarta de manzana
Apple pie
Ápel pái

Arroz con leche
Rice pudding
Ráis púding

Bizcocho borracho
Trifle
Tráifel

Bebidas

Agua
Water
Uóta

Gaseosa
Lemonade
Lemonéid

Vino
Wine
Uáin

Blanco
White
Uáit

Tinto
Red
Red

Rosado
Rosé
Róusei

Seco
Dry
Drái

Dulce
Sweet
Suíit

Jerez
Sherry
Shéri

Champán
Champagne
Shampañ

Licor
Liqueur
Likíue

Whisky
Whisky
Uíski

Ron
Rum
Ram

Ginebra
Gin
Yin

Coñac
Brandy
Brándy

Platos

Ensalada mixta

Mixed salad
Mixt sálad

Chuletas de cerdo (cordero)

Pork (lamb) chops
Pork (lamb) chops

Sopa de verduras (pescado)

Vegetable (fish) soup
Védyetebol (fish) súup

Asado de vaca

Roast beef
Róust bíif

DE COMPRAS

TIENDAS

Carnicería
Butcher's
Búchas

Charcutería
Delicatessen
Delicatésn

Estanco
Tobacconist's
Tobáconists

Farmacia
Chemist's
Kémists

Ferretería
Ironmonger's
Áien-mángas

Floristería
Florist's
Flórists

Frutería
Greengrocer's
Gríin-gróusas

Grandes Almacenes
Department store
Depártment stóo

Herboristería
Herbalist shop
Jérbalist shop

Joyería
Jeweller's
Yúuelas

Lavandería
Laundry
Lóondri

Librería
Bookshop
Búkshop

Mercado
Market
Márket

Panadería
Baker's
Béikas

Pastelería
Cakeshop
Kéikshop

Peluquería
Hairdresser's
Jéa-drésas

Perfumería
Perfumery
Pefiúumeri

Pescadería
Fishshop
Físhshop

Óptica
Optician's
Optíshens

Quiosco
Newsagent's
Niúus-éiyents

Supermercado
Supermarket
Súupa-márket

Tienda de fotos	**Tintorería**	**Zapatería**
Photographic shop	Dry cleaning	Shoeshop
Fotográfic shop	*Drái clíining*	*Shúushop*
Antigüedades	**Artesanía**	**Recuerdo**
Antique shop	Handicraft	Souvenir
Antíc shop	*Jándicraft*	*Suuvenía*
Abierto	**Cerrado**	**Caja**
Open	Closed	Cashdesk
Óupen	*Clóust*	*Cash-desk*
Entrada	**Salida**	**Tirar**
Entrance	Exit	Pull
Éntrans	*Éksit*	*Pul*
Empujar	**Escaparate**	**Mostrador**
Push	Shop window	Counter
Push	*Shop uíndou*	*Cáunta*

Dependiente/a   **Salida de emergencia**
Shop assistant   Fire exit
Shop asístant   *Fáia éksit*

No se admiten cheques   **Libro de reclamaciones**
Cheques not accepted   Complaint book
Cheks not akséptid   *Compléint buk*

EN UNA LIBRERÍA/QUIOSCO

Libro
Book
Buk

Diccionario
Dictionary
Díkshenri Nóvel

Novela
Novel

Postal
Postcard
Póustcard

Periódico
Newspaper
Niúus-péipa

Revista
Magazine
Magasíin

Bolígrafo
Ball point pen
Bol póint pen

Pluma
Pen
Pen

Lápiz
Pencil
Pénsil

Rotulador
Marker pen
Márka pen

Sobre
Envelope
Énveloup

Papel de carta
Writing paper
Ráiting péipa

Guía
Guide
Gáid

Mapa
Map
Map

Plano
Plan
Plan

Deme ...   **Quería/quisiera ...**
Give me ...   I would like ...
Guívmi ...   *Aid láik ...*

Estoy buscando un libro de .../sobre ... ¿Puede ayudarme?
I am looking for a book by .../on ... Can you help me?
Aim lúking for a buk báy .../on ... Can yu jélpmi?

Quisiera un libro sobre la historia y el arte de esta ciudad
I would like a book concerning the history and art of this city
Aid láik a buk consérning de jístori and art ov dis síti

¿Está traducido al español?
Is it translated into Spanish?
Isít transléitid íntu spánish?

¿Dónde puedo comprar un mapa de carreteras?
Where can I buy a road map?
Uéa cánai báy a róud map?

¿Tiene periódicos/revistas/libros españoles?
Have you got Spanish newspapers/magazines/books?
Jáviu got spánish niúus-péipas/magasíins/buks?

EN UNA FARMACIA

Receta
Prescription
Priscrípshen

Pastilla
Tablet
Táblet

Píldora
Pill
Pil

Jarabe
Cough mixture
Cof míxcha

Pomada
Cream
Críim

Supositorio
Suppository
Sopósiteri

Laxante
Laxative
Láxatif

Calmante
Sedative
Sédatif

Inyección
Injection
Inyékshen

Venda
Bandage
Béndich

Tiritas
Sticking plasters
Stíking plástas

Algodón
Cotton wool
Cóton úul

Gasa	**Alcohol**	**Termómetro**
Gauze	Alcohol	Thermometer
Góos	*Álcojol*	*Zemómita*

Compresas	**Pañales**	**Pasta de dientes**
Sanitary towels	Napkins	Toothpaste
Sánitari táuels	*Népkins*	*Túuz-peist*

Cepillo de dientes	**Pañuelos de papel**
Toothbrush	Paper tissues
Túuz-brash	*Péipa tíshuus*

Farmacia de guardia
Duty chemist
Diúti kémist

¿Puede darme algo contra ...?
Could you give me something for ...?
Cud yu guívmi sámzing for ...?

Fiebre	**Resfriado**	**Tos**
Fever	Cold	Cough
Fíva	*Cóuld*	*Cof*

Dolor de cabeza	**Dolor de muelas**	**Diarrea**
Headache	Toothache	Diarrhoea
Jedéik	*Túuz-éik*	*Daiería*

Estreñimiento	**Mareo**	**Insomnio**
Constipation	Sickness	Insomnia
Constipéishen	*Síknes*	*Insómnia*

Quemadura del sol	**Picadura de insecto**
Sunburn	Insect bite
Sánbern	*Insect báit*

EN UNOS GRANDES ALMACENES

Escaleras	**Escaleras mecánicas**	**Ascensor**
Stairs	Escalator	Lift
Stéas	*Éscaleiter*	*Lift*

Estantería	**Probador**	**Rebajas**
Shelf	Fitting room	Sales
Shelf	*Fíting rum*	*Séils*

Planta baja	**Primera, segunda, ... planta**
Ground floor	First, second, ... floor
Gráund flóor	*Ferst, sécond, ... flóor*

Sección de discos/regalos/lencería/juguetes/deportes ...
Record/gift/underwear/toy/sport ... department
Récord/guift/ánder-uéa/tóy/sport ... départment

ROPA Y ACCESORIOS

Abrigo
Overcoat
Ovacóut

Impermeable
Raincoat
Réincout

Gabardina
Trench coat
Trench cóut

Pantalones
Trousers
Tráusas

Vaqueros
Jeans
Yíins

Pantalones cortos
Shorts
Shorts

Jersey
Pullover
Pulóva

Chaqueta
Jacket
Yáket

Camiseta
T-shirt
Ti-shert

Chaleco
Waistcoat
Uéistcout

Camiseta
Vest
Vest

Calzoncillos
Underpants
Ándapants

Calcetines
Socks
Soks

Corbata
Tie
Tái

Camisa
Shirt
Shert

Blusa
Blouse
Bláus

Falda
Skirt
Skert

Rebeca
Cardigan
Cárdigan

Español — Inglés

Traje	**Vestido**	**Traje de noche**
Suit	Dress	Evening dress
Sut	*Dres*	*Ívning dres*
Sujetador	**Medias**	**Bragas**
Bra	Tights	Knickers
Bra	*Táits*	*Níkas*
Bata	**Pijama**	**Camisón**
Dressing gown	Pyjamas	Night gown
Drésing gáun	*Piyáamas*	*Náit gáun*
Guantes	**Bufanda**	**Paraguas**
Gloves	Scarf	Umbrella
Glavs	*Scáaf*	*Ambréla*
Pañuelo	**Cinturón**	**Bolso**
Handkerchief	Belt	Handbag
Jángkechif	*Belt*	*Jándbag*
Monedero	**Sombrero**	**Abanico**
Purse	Hat	Fan
Pers	*Jat*	*Fan*
Anillo	**Pendiente**	**Pulsera**
Ring	Earring	Bracelet
Ring	*Íring*	*Bréislet*
Bañador	**Chándal**	**Sudadera**
Bathing costume	Tracksuit	Sweat shirt
Béiding cóstiuum	*Tráksuut*	*Suét-shert*

Materiales

Algodón	**Piel**	**Lino**
Cotton	Leather	Linen
Cóton	*Léda*	*Línin*
Lana	**Terciopelo**	**Seda**
Wool	Velvet	Silk
Wúul	*Vélvit*	*Silk*
Viscosa	**Nilón**	**Acrílico**
Viscose	Nylon	Acrilic fibre
Víscous	*Náilon*	*Acrílic fáiba*

Colores

Blanco	**Negro**	**Rojo**
White	Black	Red
Uáit	*Blak*	*Red*
Azul	**Amarillo**	**Marrón**
Blue	Yellow	Brown
Blu	*Yélou*	*Bráun*
Verde	**Gris**	**Beige**
Green	Grey	Beige
Gríin	*Gréy*	*Béish*
Morado	**Naranja**	**Rosa**
Purple	Orange	Pink
Pérpel	*Órinch*	*Pink*

Claro	**Oscuro**
Light	Dark
Láit	*Dark*

¿En qué planta está la sección de artículos de piel?
In which floor is the leather goods department?
In uích flóor is de léda guds depártment?

En la planta baja
On the ground floor
On de gráund flóor

Quisiera ver algunas camisas de rayas
I would like to see some striped shirts
Aid láik tu síi sam stráipt sherts

La quiero de manga corta (larga)
I want it with short (long) sleeves
Ai uóntit uíd short (long) slíivs

¿De qué es?
What material is it?
Uót matiérial isít?

¿Tienen otros modelos?
Have you got any other designs?
Jáviu got éni óda disáins?

¿De qué talla, por favor?
What size, please?
Uót sáis, plíis?

¿Me irá bien ésta?
Is this my size?
Is dis mai sáis?

¿Dónde está el probador?
Where is the fitting room?
Uéa is de fíting rum?

Voy a probármela
I'll try it on
Ail tráiit on

¿Le queda bien?
Does it fit you?
Dásit fit yu?

El cuello me queda un poco apretado
The collar is a little tight
De cóla is a lítel táit

Me hace una arruga aquí
It has a wrinkle here
It has a rínkel jía

Voy a probarme una talla mayor
I'll try a larger size
Ail tráy a láarya sáis

Me quedo con ésta
I'll take this one
Ail téik dis uán

Español — Inglés

Por favor, enséñeme corbatas de seda natural
Please, show me some natural silk ties
Plíis, shóumi sam náchural silk táis

¿De qué color?
In which colour?
In uích cála?

Azul marino
Navy blue
Néivi blu

Me gusta ésta
I like this one
Ai láik dis uán

¿Cuánto es todo?
How much is that all together?
Jau mach is dat óltugueda?

¿Dónde está la caja?
Where is the cash?
Uéa is de cash?

¿En efectivo o con tarjeta?
Will you pay cash or by credit card?
Uíl yu péy cash or bay crédit card?

¿Podría envolvérmelo para regalo?
Could you gift-wrap it for me?
Cud yu guift-rap it for mi?

EN UNA ZAPATERÍA

Zapatos	**Botas**	**Sandalias**
Shoes	Boots	Sandals
Shúus	*Búuts*	*Sándals*

Mocasines	**Zapatillas**
Moccasins	Slippers
Mókesins	*Slípas*

Suela	**Tacón**	**Cordón**
Sole	Heel	Shoelace
Sóul	*Jíil*	*Shúuleis*

Piel	**Ante**	**Goma**
Leather	Suede	Rubber
Léda	*Suéid*	*Rába*

Deseo un par de zapatos de tacón alto

I want a pair of high-heeled shoes

Ai uónt a péa ov jái-jíild shúus

¿Cómo los quiere?
What kind do you want?
Uót káind du yu uónt?

Con cordones y que sean buenos para la lluvia
With shoelaces and good for the rain
Uíd shúu-léisis and gud for de réin

¿Qué número calza?
What size, please?
Uót sáis, plíis?

Haga el favor de enseñarme los del escaparate
Will you please show me the pair in the window
Uíl yu plíis shóumi de péa in de uíndou

Me aprietan un poco
They are a little tight
Déy ar a lítel táit

Me quedan demasiado grandes
They are too large
Déy ar túu láarch

Pruébese este otro número
Try this size
Tráy dis sáis

Este me está bien
This one fits well
Dis uán fits uél

¿Cuánto valen?
How much are they?
Jau mach ar déy?

EN UNA PERFUMERÍA

Jabón
Soap
Sóup

Champú
Shampoo
Shampú

Desodorante
Deodorant
Diódorant

Gel de baño
Shower gel
Sháua yel

Laca
Hair spray
Jéa spréy

Bronceador
Sun tan cream
San tan críim

Peine
Comb
Cóum

Cepillo
Hairbrush
Jéa-brash

Cepillo de dientes
Toothbrush
Túuz-brash

Pasta de dientes
Toothpaste
Túuz-péist

Maquillaje
Make up
Méikap

Colonia
Cologne water
Colóun uóta

Esmalte
Nail varnish
Néil várnish

Rímel
Mascara
Mascára

Barra de labios
Lipstick
Lípstik

Crema limpiadora
Cleansing cream
Clénsing críim

Loción facial
Face lotion
Féis lóushen

Crema nutritiva
Nourishing cream
Nárishing críim

Perfume
Perfume
Perfiúum

Depilatorio
Hair remover
Jéa rimúuva

Tijeras
Scissors
Sísos

Maquinilla de afeitar	**Loción**	**Espuma de afeitar**
Razor	Lotion	Shaving foam
Réiza	*Lóushen*	*Shéiving fóum*

EN UNA TIENDA DE FOTOS

Cámara	**Objetivo**	**Visor**
Camera	Lens	View-finder
Cámra	*Lens*	*Viú-fáinda*
Filtro	**Diafragma**	**Disparador**
Filter	Diaphragm	Trigger
Fílta	*Dáiafrem*	*Tríga*
Carrete	**Color**	**Blanco y negro**
Camera film	Colour	Black and white
Cámra film	*Cála*	*Blákand uáit*

Diapositiva	**Negativo**	**Tamaño**
Slide	Negative	Size
Sláid	*Négatif*	*Sáis*
Ampliación	**Copia**	**Foto**
Enlargement	Print	Photograph
Inlárchment	*Print*	*Fótograf*
Pila	**Brillo**	**Mate**
Battery	Gloss	Matt
Bátri	*Glos*	*Mat*

Por favor, ¿me da un carrete de 24 fotos para esta cámara?

Would you give me a 24 exposure film for this camera?

Wud yu guívmi a tuénti-forikspóusha film for dis cámera?

¿Puede revelar este carrete y sacar dos copias de cada foto?

Could you develop this film with two prints of each photograph?

Cud yu divélop dis film uíd túu prints ov íich fótograf?

¿Puede ampliarme estas copias?

Can you enlarge these prints?

Can yu inlárch díis prints?

¿Cuánto cuesta el revelado?

How much does the developing cost?

Jau mach das de divéloping cost?

¿Hace Vd. fotos de carnet?
Do you take passport photographs?
Du yu téik pásport fótografs?

Mi cámara no funciona, ¿puede Vd. ver qué le pasa?
My camera won't work, can you see what is wrong with it?
Mai cámera uónt uórk, can yu síi uót is rong uidít?

EN UNA ÓPTICA

Gafas	**Lentes de contacto (lentillas)**	**Gafas de sol**
Glasses	Contact lenses	Sun glasses
Glásis	*Cóntact lénsis*	*San glásis*

Cristal	**Montura**
Lens	Frame
Lens	*Fréim*

Se me ha roto la montura de las gafas. ¿Pueden arreglármela?
I have broken the frames of my glasses. Can you repair them?
Ai jave bróuken de fréims ov mai glásis. Can yu ripér dem?

Se me ha roto un cristal. ¿Pueden hacerme otro nuevo?
I have broken a lens. Can you replace it?
Ai jav bróuken a lens. Can yu ripléisit?

¿Cuándo estarán listas?
When will they be ready?
Uén uíl déy bi rédi?

Quiero revisarme la vista
I would like to have my eyes tested
Aid láik tu jav mai áis téstid

Necesito un líquido limpiador de lentillas
I am looking for some cleaning fluid for contact lenses
Aim lúking for sam clíining flúid for cóntact lénsis

EN UNA FLORISTERÍA

Rosa
Rose
Róus

Orquídea
Orchid
Órkid

Violeta
Violet
Váiolet

Nardo
Spikenard
Spáiknaard

Clavel
Carnation
Carnéishen

Lirio
Iris
Áiris

Pensamiento
Pansy
Pánsi

Gardenia
Gardenia
Gardíinia

Margarita
Daisy
Déisi

Azucena
White lily
Uáit líli

Dalia
Dahlia
Déilia

Jacinto
Hyacinth
Jáiasinz

Narciso	**Crisantemo**	**Tulipán**
Daffodil	Chrysanthemum	Tulip
Défodil	*Crisánzemem*	*Tiúlip*

Quería encargar un ramo de flores
I would like to order a bouquet
Aid láik tu órda a buké

Puede escoger entre rosas o claveles de varios colores
You can choose roses or carnations in several colours
Yu can chúus róusis or carnéishens in sévral cálas

Deseo un centro de flores secas
I want a dried flower arrangement
Ai uónt a dráied fláua aréinchment

¿Cómo se llaman estas flores?
What are these flowers called?
Uót ar díis fláuas cold?

¿Cuánto cuesta este helecho?
How much is this fern?
Jau mach is dis fern?

¿Pueden mandarlo a esta dirección mañana antes de las doce?
Can you send it to this address before twelve tomorrow?
Can yu séndit tu dis ádres bifór tuélf tumórou?

Envíen también esta tarjeta, por favor
Could you please send this card too?
Cud yu plíis send dis card túu?

EN UN ESTANCO

Tabaco	**Estanco**	**Cigarrillo**
Tobacco	Tobacconist's	Cigarette
Tobáco	*Tobáconists*	*Sígaret*

Rubio/negro	**Puro**	**Cerillas**
Virginian/black	Cigar	Matches
Viryínian/blak	*Sigáar*	*Mátchis*

Encendedor	**Pipa**	**Boquilla**
Lighter	Pipe	Cigarette holder
Láita	*Páip*	*Sígaret jóulda*

Deme un paquete de cigarrillos con filtro
Give me a packet of filter tipped cigarettes
Guívmi a páket ov fílta tipt sígarets

Deme también una caja de cerillas
Give me a box of matches too
Guívmi a box ov mátchis túu

EN UNA PELUQUERÍA

Peluquero/a
Hairdresser
Jéa-drésa

Pelo (cabello)
Hair
Jéa

Tijeras
Scissors
Sísos

Peine
Comb
Cóum

Cepillo
Brush
Brash

Secador
Dryer
Dráia

Corte de pelo
Hair cut
Jéa cat

Lavado
Shampooing
Shampúing

Peinado
Hair style
Jéa stáil

Manicura
Manicure
Mánikiur

Tinte
Dyeing
Dáiing

Afeitado
Shave
Shéiv

Barba
Beard
Bíed

Bigote
Moustache
Mostásh

Patillas
Sideboards
Sáid-bords

Flequillo
Fringe
Frinch

Rizo
Curl
Kerl

Trenza
Plait
Plat

Deseo afeitarme
I want a shave
Ai uónt a shéiv

Córteme el pelo a navaja
A razor cut, please
A réiser cat, plíis

Español — Inglés

No me corte mucho
Just a trim
Yost a trim

Arrégleme el bigote
Trim the moustache
Trim de mostásh

Lávemelo, por favor
A shampoo, please
A shampú, plíis

Tengo caspa
I have dandruff
Ai jav dándraf

Lavar y peinar
I would like to have my hair washed and set
Ai wud láik tu jav mai jéa uósht and set

¿Cuánto tendré que esperar?
How long shall I have to wait?
Jau long shel ai jav tu uéit?

El agua está demasiado caliente/fría
The water is too hot/cold
De uóta is túu jot/cóuld

Tengo el cabello graso/seco
My hair is greasy/dry
Mai jéa is gríisi/drái

Se me cae mucho el pelo
I am losing a lot of hair
Aim lúsing a lot ov jéa

¡Córteme sólo las puntas!
Trim the ends
Trim di ends

Quiero un corte como éste
I would like a hair cut like this
Aid láik a jéa cat láik dis

Quisiera teñirme el pelo/hacerme una permanente
I would like to dye my hair/have a permanent wave
Ai wud láik tu dái mai jéa/jav a pérmanent uéiv

¿Del mismo color?
Same colour?
Séim cála?

Un poco más oscuro/claro
A little darker/lighter
A lítel darka/láita

¿Cómo la peino?
How shall I set your hair?
Jau shel ai set yor jéa?

Todo hacia atrás, sin raya
Towards the back, without any parting
Touárds de bak, uidáut éni párting

Como le parezca
However you want
Jauéva yu uónt

Así está bien, gracias
That's fine, thank you
Dats fáin, zénkiu

TIEMPO LIBRE

MUSEOS Y OTROS LUGARES DE INTERÉS

Museum
Museum
Miusíem

Catedral
Cathedral
Cazídral

Monumento
Monument
Móniument

Horas de visita
Visiting hours
Vísiting áuas

Entrada libre
Free entry
Fríi éntri

Entrada
Ticket
Tíket

Abierto
Open
Óupen

Cerrado
Closed
Clóust

Catálogo
Brochure
Bróusha

Guía
Guide
Gáid

Salas
Halls
Jols

Exposición
Exhibition
Eksibíshen

Cuadro (pintura)	**Dibujo**	**Grabado**
Picture	Drawing	Engraving
Píkcha	*Dróoing*	*Ingréiving*

Escultura	**Arte**	**Capilla**
Sculpture	Art	Chapel
Scálpcha	*Aart*	*Chápel*

Claustro	**Cúpula**	**Nave**
Cloister	Dome	Nave
Clóista	*Dóum*	*Néiv*

Palacio	**Torre**	**Patio**
Palace	Tower	Courtyard
Pálas	*Táua*	*Cóort-yárd*

Mármol	**Bronce**	**Piedra**
Marble	Bronze	Stone
Máabel	*Brons*	*Stóun*

¿Qué lugares de interés hay en la ciudad?

What places of interest are there in the town?

Uót pléisis ov íntrist ar déa in de táun?

El museo ..., la iglesia de San ... y el Ayuntamiento tiene un especial interés turístico

The ... Museum, St... Church and the Town Hall are specially interesting for tourists

De ... miusíem, séint ... chorch and de táun-jol ar spéshiali íntresting for túurists

Español — Inglés

¿A qué hora abre/cierra el Museo de Bellas Artes?
What time does the Fine Arts Museum open/close?
Uót táim das de fáin arts miusíem óupen/clóus?

¿Se puede hacer una visita con guía?
Is it possible to have a guided tour?
Is it pósibel tu jav a gáidid túur?

Prohibido hacer fotografías
Pictures forbidden
Píkchas foobídn

¿De qué siglo es?
Which century is it from?
Uích sénchuri isít from?

¿Se puede subir al campanario?
Is it possible to go up the bell tower?
Is it pósibel tu góu ap de bel táua?

DIVERSIONES

Sala de conciertos	**Teatro**	**Cine**
Concert hall	Theatre	Cinema
Cónsert jol	*Zíata*	*Sínema*
Entrada	**Taquilla**	**Cartelera**
Ticket	Booking office	List of plays
Tíket	*Búking ófis*	*List ov pléis*

Asiento	**Fila**	**Pasillo**
Seat	Row	Aisle
Síit	*Róu*	*Áil*

Guardarropa	**Acomodador**	**Estreno**
Cloakroom	Usher	Première
Klóukrum	*Ásha*	*Premiéa*

Conciertos

Música	**Músico**	**Orquesta**
Music	Musician	Orchestra
Miúsic	*Miuusíshen*	*Órkistra*

Director	**Cantante**	**Público**
Conductor	Singer	Audience
Condácter	*Sínga*	*Óodiens*

¿Qué orquesta toca?
Which orchestra is playing?
Uích órkistra is pléiing?

Deme dos palcos para el concierto de esta noche
Give me two boxes for this evening's concert
Guívmi túu bóksis for dis ívnings cónsert

Deseo un asiento en primera fila
I would like a seat in the front row
Aid láik a síit in de front róu

Teatro

Obra	**Actor**	**Actriz**
Play	Actor	Actress
Pléy	*Ácter*	*Áctris*

Escenario	**Telón**	**Decorados**
Stage	Curtain	Scenery
Stéich	*Kértn*	*Síineri*

Función	**Acto**	**Entreacto**
Show	Act	Interval
Shóu	*Act*	*Íntevel*

¿Qué ponen en el Teatro ... esta noche?
What is on at the Theatre ... tonight?
Uóts on at de zíata ... tunáit?

¿En qué teatro ponen el ballet de ...?
Which theatre is the ballet by ... on at?
Uích zíata is de bálei bay ... on at?

¿Cuánto dura la obra?
How long does the play last?
Jau long das de pléy last?

Dos butacas centrales, por favor
Two stalls in the centre, please
Túu stóols in de sénta, plíis

Cine

Película
Film
Film

Pantalla
Screen
Scríin

Sesión
Showing
Shóuing

Documental
Documentary
Dokiuménteri

Dibujos animados
Cartoons
Cartúuns

¿Dónde se proyecta la nueva película de ...?
Where is the new film by ... on?
Uéa is de niú film bay ... on?

¿Es en versión original con subtítulos?
Is it in the original language with subtitles?
Is it in di oríyinal lángüich uíd sab-táitels?

No, está doblada
No, it is dubbed
Nou, its dabd

EN LA PLAYA/PISCINA

Playa
Beach
Bíich

Mar
Sea
Síi

Piscina
Swimming pool
Suíming puul

Arena
Sand
Sand

Ola
Wave
Uéiv

Orilla
Shore
Shóo

Barca
Boat
Bóut

Sombrilla
Sunshade
San-shéid

Tumbona
Sun bed
San-bed

Bañador
Bathing costume
Béiding cóstium

Trampolín
Spring board
Spring-bord

Ducha
Shower
Sháua

¿Es peligroso bañarse aquí?
Is it dangerous to swim here?
Is it dányerous tu suím jía?

El agua está sucia (contaminada)
The water is dirty (polluted)
De uóta is dérti (polúutid)

¿Hay socorristas?
Are there lifeguards?
Ar déa láifgards?

DE CAMPING

Camping (lugar)	**Tienda de campaña**	**Caravana**
Camp-site	Tent	Caravan
Camp-sáit	*Tent*	*Cáravan*

Saco de dormir	**Martillo**	**Linterna**
Sleeping bag	Hammer	Lamp
Slíiping bag	*Jáma*	*Lamp*

Español — Inglés

Bombona de butano	**Abrelatas**	**Navaja**
Butane cylinder	Tin-opener	Pocket knife
Biútein sílinda	*Tin-óupena*	*Póket-náif*
Sacacorchos	**Enchufe**	**Servicios**
Corkscrew	Electric point	Toilets
Córkscruu	*Eléctric póint*	*Tóilets*

Estoy buscando un camping cerca de la playa
I am looking for a camp-site near the beach
Aim lúking for a camp-sáit nía de bíich

¿Cuál es la tarifa diaria?
Can you tell me the daily fee?
Can yu télmi de déily fíi?

¿Podemos montar la tienda aquí?
Can we pitch the tent here?
Can uí pitch de tent jía?

¿Dónde puedo aparcar el coche?
Where can I park my car?
Uéa cánai park mai car?

Quiero quedarme ... días
I would like to stay for ... days
Aid láik tustéy for ... déys

¿Es agua potable?
Is the water drinkable?
Is de uóta drínkebel?

¿Podemos encender fuego?
Can we light a fire?
Can uí láit a fáia?

¿Hay vigilancia nocturna?
Is there a night watchman on the camp-site?
Is déa a náit-uótchman on de camp-sáit?

¿Hay un supermercado cerca?
Is there a supermarket near?
Is déa a súper-márket nía?

DEPORTES

¿Dónde está el/la ... más próximo/a?
Where is the nearest ...?
Uéa is de níerest ...?

Polideportivo	**Pista de tenis**	**Gimnasio**
Sports centre	Tennis court	Gym
Sports sénta	*Ténis cóort*	*Yim*

Campo de golf	**Campo de fútbol**	**Piscina**
Golf course	Football ground	Swimming pool
Golf cors	*Fúutbol gráund*	*Suíming púul*

Quería alquilar una tabla de windsurfing
I would like to hire a sailboard
Aid láik tu jáia a séil-bord

¿Hay monitores de esquí acuático?
Is there a water-skiing instructor?
Is déa a uóta-skíing instrácter?

¿Puedo tener una clase?
Can I have a lesson?
Cánai jav a léson?

¿Cuánto cuesta una hora de clase?
How much does a one-hour lesson cost?
Jau mach das a uán-áua léson cost?

Quisiera reservar la pista para mañana a las ...
I would like to book the court for tomorrow at ...
Aid láik tu buk de cóort for tumórou at ...

VARIOS

BANCOS

Banco
Bank
Bank

Caja de ahorros
Savings bank
Séivings bank

Cambio
Exchange
Ikschéinch

Dinero
Money
Máni

Moneda
Coin
Cóin

Billete
Note
Nóut

Cheque
Cheque
Chek

Tarjeta de crédito
Credit card
Crédit card

Cheque de viaje
Traveller's cheque
Trávelas chek

Cotización
Exchange rate
Ikschéinch réit

Divisas
Foreign currency
Fóren cárensi

Ventanilla
Counter
Cáunta

Caja	**Cajero automático**	**Recibo**
Cashdesk	Cash dispenser	Receipt
Cash-desk	*Cash dispénsa*	*Risíit*

Cuenta corriente	**Interés**	**Letra de cambio**
Current account	Interest	Bill of exchange
Cárent acáunt	*Íntrist*	*Bil ov ikschéinch*

¿Dónde puedo cambiar dinero?
Where can I change my money?
Uéa cánai chéinch mai máni?

¿Cuál es el horario de los bancos?
What are the banking hours?
Uót ar de bánking áuas?

Quería cambiar este cheque de viaje
I would like to change this traveller's cheque
Aid láik tu chéinch dis trávelas chek

¿Han recibido una transferencia de ... a nombre de ...?
Have you received a transfer from ... addressed to ...?
Jáviu risíivd a tránsfer from ... adrést tu ...?

¿Puedo cobrar este cheque al portador?
Can I cash this bearer cheque?
Cánai cash dis béara chek?

Español — Inglés

Firme aquí, por favor
Sign here, please
Sáin jía, plíis

Pase por caja (ventanilla número ...)
Go to the cashdesk (counter number ...)
Góu tu de cash-desk (cáunta námba ...)

CORREOS

Correos
Post office
Póust ófis

Carta
Letter
Léta

Postal
Postcard
Póust-cáard

Sello
Stamp
Stamp

Franqueo
Postage
Póustich

Paquete
Parcel
Pársel

Lista de correos
Poste restante
Póust-restánte

Dirección
Address
Ádres

Código postal
Postal code
Póustal cóud

Remitente
Sender
Sénda

Destinatario
Addressee
Adresíi

Por correo
By mail
Bay méil

Por avión
Air mail
Éer méil

Carta certificada
Registered letter
Réyisted léta

Carta urgente
Express letter
Iksprés léta

Impresos
Printed matter
Príntid máta

Contra reembolso
Cash on delivery
Cash on dilíveri

Apartado de correos
P.O. Box
Pi-ou-box

¿A qué hora abre Correos?
What time is the post office open?
Uót táim is de póust-ófis óupen?

¿Cuál es el franqueo de una postal para España?
What is the postage for a postcard to Spain?
Uóts de póustich for a póust-card tu Spéin?

¿Cuál es la ventanilla de Certificados?
Which is the counter for registered mail?
Uích is de cáunta for réyisted méil?

Quiero enviar este paquete por avión
I want to send this parcel by air mail
Ai uónt tu send dis pársel bay éer méil

¿Puede ayudarme a rellenar este impreso?
Can you help me to fill in this form?
Can yu jélpmi tu fil in dis form?

¿Hay cartas a nombre de ... en Lista de Correos?
Are there any letters poste restante in the name of ...?
Ar déa éni létas póust-restánte in de néim ov ...?

¿Qué documentos necesito para recoger un paquete?
What documents do I need to collect a package?
Uót dókiuments du ai níid tu coléct a pákich?

Deseo cobrar este giro postal
I would like to cash this postal order
Aid láik tu cash dis póustal órda

¿Cuánto cuesta un telegrama a ...?
How much does a telegram to ... cost?
Jau mach das a téligram tu ... cost?

TELÉFONOS

Teléfono público	**Cabina**	**Número**
Public telephone	Phone box	Number
Páblic télifoun	*Fóun box*	*Námba*
Prefijo	**Llamada**	**Monedas**
Code number	Telephone call	Coins
Cóud námba	*Télifoun col*	*Cóins*

Quiero hacer una llamada a cobro revertido a ...
I would like to make a collect call to ...
Aid láik tu méik a coléct col tu ...

¿Cuál es el prefijo de ...?
What is the code number for ...?
Uóts de cóud námba for ...?

¿Cuál es el número de Información?
What is the phone number for inquiries?
Uóts de fóun námba for incuáieris?

No contestan
There is no answer
Déa is nou ánsa

Está comunicando
It is engaged
Its inguéich

Se ha equivocado
You have got the wrong number
Yu jav got de rong námba

¡Dígame!	**Soy ...**
Hello!	This is ...
Jelou!	*Dis is ...*
¿Puedo hablar con ...?	**Soy yo**
May I speak to ...?	It is me
Mei ai spíik tu ...?	*Its mi*

Español — Inglés

Un momento, por favor
Just a moment, please
Yast a móument, plíis

¿De parte de quién?
Who is calling?
Júu is cóling?

No cuelgue
Hold the line
Jóuld de láin

Ha salido
He is out
Jis áut

¿Quiere dejarle un recado?
Would you like to leave a message?
Wud yu láik tu líiv a mésich?

Dígale que ... ha llamado
Tell him/her that ... has called
Tel jim/jer dat ... jas cold

SALUD

El cuerpo humano

Cabeza	**Cara**	**Ojo**
Head	Face	Eye
Jed	*Féis*	*Ái*
Nariz	**Oído**	**Boca**
Nose	Ear	Mouth
Nóus	*Ía*	*Máuz*

Lengua Tongue *Tang*	**Garganta** Throat *Zróut*	**Cuello** Neck *Nek*
Hombro Shoulder *Shóulda*	**Brazo** Arm *Arm*	**Codo** Elbow *Élbou*
Muñeca Wrist *Rist*	**Mano** Hand *Jand*	**Dedo** Finger *Fínga*
Espalda Back *Bak*	**Pecho** Chest *Chest*	**Pierna** Leg *Leg*
Rodilla Knee *Níi*	**Pie** Foot *Fúut*	**Dedo del pie** Toe *Tóu*
Corazón Heart *Jáart*	**Estómago** Stomach *Stómak*	**Pulmón** Lung *Lang*
Hígado Liver *Líva*	**Riñones** Kidneys *Kídnis*	**Intestinos** Intestines *Intéstins*

MÉDICO

Médico	**Enfermera**	**Paciente**
Doctor	Nurse	Patient
Dócter	*Nérs*	*Péishent*

Enfermedad	**Dolor**	**Consulta**
Illness	Pain	Surgery (room)
Ílnes	*Péin*	*Séryeri (rum)*

Sala de espera	**Rayos X**	**Receta**
Waiting room	X-ray	Prescription
Uéiting-rum	*Iks-réy*	*Priscrípshen*

Presión sanguínea	**Grupo sanguíneo**
Blood pressure	Blood group
Blad présha	*Blad grúup*

¿Puede llamar a un médico?
Can you call a doctor?
Can yu col a dóctor?

¿Conoce a algún médico que hable español?
Do you know a doctor who speaks Spanish?
Du yu nóu a dóctor júu spíiks spánish?

¿Puede llevarme a Urgencias?
Can you take me to the Casualty Department?
Can yu téikmi tu de cáshiualti depártment?

No me siento bien
I don't feel well
Ai dont fíil uél

¿Qué le pasa?
What is the matter?
Uóts de máta?

Tengo ...
I have got ...
Ai jav got ...

gripe	**dolor de cabeza**
flu (influenza)	a headache
flúu (influénza)	*a jedéik*

dolor de estómago
a stomach ache
a stómak-éik

dolor de garganta
a sore throat
a sóo zróut

tos
a cough
a caf

fiebre
a temperature
a témprita

Estoy resfriado/a
I have got a cold
Ai jav got a cóuld

Tengo mareos
I am suffering from dizzy spells
Aim sáfering from dítsi spels

Creo que me he roto una pierna
I think I have broken my leg
Ai zink aiv bróuken mai leg

Me he torcido un tobillo
I have sprained my ankle
Aiv spréind mai ánkel

Me cuesta trabajo respirar
I have difficulties in breathing
Ai jav díficaltis in bríizing

¿Dónde le duele?
Where does it hurt?
Uéa dásit jert?

¿Desde cuándo está enfermo?
How long have you been ill?
Jau long jáviu bíin il?

Soy alérgico a ...
I am allergic to ...
Aim aléryik tu ...

Estoy embarazada de ... semanas
I am in my ... week of pregnancy
Aim in mai ... uíik ov prégnansi

Respire, tosa, saque la lengua
Breath, cough, put out your tongue
Bríiz, caf, pútaut yor tang

Quítese la ropa, por favor
Undress, please
Án-drés, plíis

Debe quedarse en cama ... días
You must stay in bed for ... days
Yu mast stéy in bed for ... déys

Tome estas pastillas cada ... horas
Take these pills every ... hours
Téik díis pils évri ... áuas

DENTISTA

Dientes	**Muela**	**Muela del juicio**
Teeth	Back tooth	Wisdom tooth
Tiiz	*Bak túuz*	*Uísdom túuz*
Encía	**Caries**	**Empaste**
Gum	Tooth decay	Filling
Gam	*Túuz dikéy*	*Fíling*

Me duele este diente (muela)
This tooth hurts
Dis túuz jerts

Habrá que sacarla
I must take it out
Ai mast téikit áut

Deme un calmante
Give me a sedative
Guívmi a sédatif

Se me ha caído el empaste
The filling has fallen out
De fíling is fólen áut

¿Puede empastármelo en seguida?
Can you fill it at once?
Can yu fil it at uáns?

COMISARÍA

Comisaría
Police station
Polís stéishen

Policía
Police
Polís

Policía (agente)
Police officer
Polís ófisa

Denuncia
Report
Ripórt

Declaración
Statement
Stéitment

Abogado
Lawyer
Lóya

Robo
Theft
Zeft

Atraco
Mugging
Máguing

Accidente
Accident
Áksident

Pasaporte
Passport
Pásport

Cartera
Wallet
Uólit

Bolso
Handbag
Jándbag

¿Dónde está la comisaría más próxima?
Where is the nearest police station?
Uéa is de níerest polís stéishen?

Vengo a poner una denuncia
I have come to report a ...
Ai jav cam tu ripórt a ...

Me han robado el/la ...
My ... has been stolen
Mai ... jas bíin stóulen

Me han golpeado
I have been assaulted
Ai jav bíin asóltid

Mi ... ha desaparecido de la habitación
My ... has disappeared from my room
Mai ... jas disapíard from mai rum

Se me ha perdido el pasaporte
I have lost my passport
Ai jav lost mai pásport

He tenido un accidente de coche
I have had a car accident
Ai jav jad a car áksident

No entiendo. ¿Puede venir un intérprete?
I don't understand. Can I have an interpreter?
Ai dont ánderstand. Cánai jav an intérprita?

¿Puedo llamar a mi embajada (consulado)?
Can I call my embassy (consulate)?
Cánai col mai émbesi (cónsulit)?

¿Cómo debo cumplimentar la denuncia?
How should I fill out the report?
Jau shúdai fil áut de ripórt?

DICCIONARIO DE VIAJE

ESPAÑOL-INGLÉS

a. to, at. *tu, at*
abajo. down. *dáun*
abierto. open. *óupen*
abrigo. coat. *cóut*
abril. April. *éipril*
abrir. to open. *óupen*
acabar. to finish. *tu fínish*
accidente. accident. *áksident*
aceite. oil. *óil*
aceituna. olive. *óliv*
acelerador. accelerator. *akseleréiter*
aceptar. to accept. *tu aksépt*
acera. pavement. *péivment*
aconsejar. to advise. *tu adváis*
acuerdo (de...). O.K. All right. *ou-kéi. ol-ráit*
adelante. ahead. *ajéd*
además. besides. *bisáids*
adiós. good bye. *gud bay*
aduana. customs. *cástoms*
afeitarse. to shave. *tu shéiv*
agencia. agency. *éiyensi*
agosto. August. *ógost*
agradable. nice. *náis*
agrio. sour. *sáua*
agua. water. *uóta*
ahí. there. *déa*
ahora. now. *náu*
ahorro. saving. *séiving*
aire. air. *éer*
ajo. garlic. *gárlic*
alcohol. alcohol. *álcojol*
algo. something. *sámzing*
algodón. cotton. *cóton*
almohada. pillow. *pílou*
almorzar. to have lunch. *tu jav lanch*
alojamiento. accommodation. *acomodéishen*
alquilar. to rent, to hire. *tu rent, tu jáia*
alrededor. around. *aráund*
alto. tall, high. *tol, jai*

allí. there. *déa*
amable. kind. *cáind*
amarillo. yellow. *yélou*
amargo. bitter. *bíta*
ambos. both. *bóuz*
ambulancia. ambulance. *ámbiulans*
amigo. friend. *frend*
ancho. wide. *uáid*
andar. to walk. *tu uók*
andén. platform. *plátform*
anoche. last night. *last náit*
anuncio. advertisement. *advértisment*
aparcar. to park. *tu park*
aparcamiento. parking. *párking*
apartamento. apartment. *apártment*
antes. before. *bifór*
año. year. *yía*
apellido. surname. *sérneim*
aprender. to learn. *tu léern*
aquel. that. *dat*
aquí. here. *jía*
árbol. tree. *trii*

arena. sand. *sand*
arriba. up. *ap*
arroz. rice. *ráis*
artesanía. handicraft. *jándicraft*
asado. roast. *róust*
ascensor. lift. *lift*
así. so. *sóu*
asunto. affair. *áfer*
asiento. seat. *siit*
atención. attention. *aténshen*
aterrizar. to land. *tu land*
atrás. back. *bak*
atún. tuna. *túuna*
aunque. although. *oldóu*
autobús. bus. *bas*
autocar. coach. *cóuch*
autopista. motorway. *móutor-uéy*
avería. breakdown. *bréikdáun*
averiado. out of order. *áut ov órda*
avión. plane. *pléin*
aviso. notice. *nóutis*

ayer. yesterday. *yésterdey*
ayudar. to help. *tu jelp*
ayuntamiento. town hall. *táun-jol*
azafata. stewardess. *stíuardes*
azúcar. sugar. *shúga*
azul. blue. *blu*
bacalao. cod. *cod*
bajo. low, short. *lóu, short*
banco. bank. *bank*
bañarse. to bathe. *tu béid*
baño. bath. *báaz*
bar. bar. *báar*
barato. cheap. *chíip*
barba. beard. *bíed*
barco. ship. *ship*
barrio. district. *dístrict*
bastante. enough. *enáf*
beber. to drink. *tu drink*
bebida. drink. *drink*
biblioteca. library. *láibreri*
bicicleta. bicycle. *báisikel*
bien. well. *uél*
bienvenido. welcome. *uélcam*
blanco. white. *uáit*
boca. mouth. *máuz*
bolso. handbag. *jándbag*
bolsillo. pocket. *pókit*
bonito. pretty. *príti*
bota. boot. *búut*
botella. bottle. *bótel*
brazo. arm. *arm*
bueno. good. *gud*
buscar. to look for. *tu luk for*
buzón. post box. *póust-box*
caballero. gentleman. *yéntelman*
caballo. horse. *jors*
cabello. hair. *jéa*
cabeza. head. *jed*
cada. each, every. *íich, évri*
café. coffee. *cófi*
cafetería. coffee house. *cófi jáus*
caja. box, cash. *box, cash*
caliente. hot. *jot*
calmante. sedative. *sédatif*
calor. heat. *jíit*
calle. street. *stríit*

cama. bed. *bed*

cámara. camera. *cámra*

camarero. waiter. *uéita*

camarote. cabin. *cábin*

cambiar. to change. *tu chéinch*

cambio. change, exchange. *chéinch, ikschéinch*

camino. way. *uéy*

camión. lorry. *lóri*

camisa. shirt. *shert*

campo. country, field. *cáuntri, fíild*

cara. face. *féis*

carne. meat. *míit*

carnicería. butcher's. *búchas*

caro. expensive. *ekspénsif*

carretera. road. *róud*

carta. letter. *léta*

cartera. wallet. *uólit*

casado. married. *mérid*

casi. nearly, almost. *níaly, ólmoust*

castillo. castle. *cásel*

catedral. cathedral. *cazídral*

catorce. fourteen. *fortíin*

cebolla. onion. *ónion*

cena. dinner, supper. *dína, sápa*

cenicero. ashtray. *áshtrey*

centro. centre. *sénta*

cepillo. brush. *brash*

cerca. near. *nía*

cerdo. pork, pig. *pork, pig*

cereza. cherry. *chéri*

cerilla. match. *match*

cero. zero. *sírou*

cerrado. closed. *clóust*

cerrar. to close. *tu clóus*

cerveza. beer. *bía*

cielo. sky. *skái*

cien. one hundred. *uán jándrid*

cigarrillo. cigarette. *sígaret*

cinco. five. *fáiv*

cine. cinema. *sínema*

cinturón. belt. *belt*

ciruela. plum. *plam*

cita. appointment. *apóintment*

ciudad. town, city. *táun, síti*

claro. clear, light. *clía, láit*

clase. class, kind, sort. *clas, káind, sort*
cliente. customer, client. *cástoma, cláient*
clima. climate. *cláimit*
cobrar. to cash. *tu cash*
cocido. boiled. *bóild*
coche. car. *car*
cocina. kitchen. *kíchen*
codo. elbow. *élbou*
coger. to catch, to take. *tu catch, tu téik*
col. cabbage. *cábich*
cola. queue, tail. *kiúu, téil*
colchón. mattress. *mátres*
coliflor. cauliflower. *cóliflaua*
color. colour. *cála*
comedor. dining room. *dáining-rum*
comenzar. to begin. *tu biguín*
comer. to eat. *tu íit*
comida. meal, food. *míil, fúud*
comisaría. police station. *polís stéishen*
como. how, like, as. *jáu, láik, as*
comprar. to buy. *tu báy*
comprender. to understand. *tu anderstánd*
con. with. *uíd*
conducir. to drive. *tu dráiv*
conmigo. with me. *uíd mi*
conocer. to know. *tu nóu*
consejo. advice. *adváis*
consigna. left-luggage office. *left-láguich ófis*
consulado. consulate. *cónsulit*
consulta. surgery. *séryeri*
contar. to tell, to count. *tu tel, tu cáunt*
contento. glad. *glad*
contigo. with you. *uíd yu*
contra. against. *eguéngst*
copa. (wine) glass. *(uáin) glas*
corazón. heart. *jart*
corbata. tie. *tái*
cordero. lamb. *lamb*
correo. mail. *méil*

Correos. post office. *póustófis*
cortar. to cut. *tu cat*
corto. short. *short*
cosa. thing. *zing*
cosecha. vintage. *víntich*
costa. coast. *cóust*
cotización. rate. *réit*
cristal. glass. *glas*
cruce. crossroads. *crósrouds*
crudo. raw. *róo*
cruzar. to cross. *tu cros*
cuadrado. square. *scuéa*
cuadro. picture. *pítcha*
cuál. which. *uích*
cualquiera. any. *éni*
cuando. when. *uén*
cuánto. how much/many. *jáu mach/méni*
cuarenta. forty. *fórti*
cuarto. quarter, fourth, room. *cuóta, forz, rum*
cuatro. four. *for*
cubierta. cover, deck. *cóva, dek*
cuchara. spoon. *spúun*
cuchillo. knife. *náif*
cuello. neck, collar. *nek, cóla*
cuenta. bill, account. *bil, acáunt*
cuerpo. body. *bódi*
cuidado. care, attention. *kéa, aténshen*
curva. bend, curve. *bend, kerv*
chaleco. vest. *vest*
chaqueta. jacket. *yáket*
cheque. cheque. *chek*
chico/a. boy, girl. *bói, guerl*
chocolate. chocolate. *chóclit*
chuleta. chop. *chop*
daño. damage. *dámich*
dar. to give. *tu guiv*
de. of, from. *ov, from*
deber. must. *mast*
décimo. tenth. *tenz*
decir. to say, to tell. *tu séy, tu tel*
dedo. finger, toe. *fínga, tóu*
dejar. to leave, to let. *tu líiv, tu let*
delante. in front. *in front*

demasiado. too, too much/many. *túu, túu mach/méni*

dentro. inside. *ínsaid*

deporte. sport. *sport*

derecho. right, straight. *ráit, stréit*

desayuno. breakfast. *brékfast*

descuento. discount. *discáunt*

desde. from, since. *from, sins*

desear. to want. *tu uónt*

despacio. slowly. *slóuli*

después. after. *áfta*

detrás. behind. *bijáind*

día. day. *déy*

diario. daily. *déili*

dibujo. drawing. *dróoing*

diccionario. dictionary. *díkshionari*

diciembre. December. *disémba*

diente. tooth. *túuz*

diez. ten. *ten*

difícil. difficult. *dífícalt*

dinero. money. *máni*

dirección. direction, address. *dirékshen, ádres*

directo. direct. *dairéct*

disco. record. *récord*

diversión. entertainment. *entetéinment*

divisa. foreign currency. *fóren cárensi*

doble. double. *dábel*

dolor. pain, ache. *péin, éik*

domingo. Sunday. *sándey*

donde. where. *uéa*

dormir. to sleep. *tu slíip*

dormitorio. bedroom. *bedrum*

dos. two. *túu*

ducha. shower. *sháua*

dueño. owner. *óuna*

dulce. sweet. *suíit*

durante. during. *diúring*

durar. to last. *tu last*

duro. hard. *jard*

edad. age. *éich*

edificio. building. *bílding*

ejemplo. example. *igsámpel*
el. the. *de*
él. he. *jíi*
ella. she. *shíi*
embajada. embassy. *émbasi*
embrague. clutch. *clach*
empezar. to begin, to start. *tu biguín, tu start*
empleado. employee. *emploií*
empresa. enterprise. *éntepraís*
empujar. to push. *tu push*
en. in. *in*
encendedor. lighter. *láita*
encima. above, over. *abóv, óva*
encontrar. to find, to meet. *tu fáind, tu míit*
enero. January. *yánuari*
enfermedad. illness, disease. *ílnes, disíis*
enfermera. nurse. *ners*
enfermo. ill, sick. *il, sik*
enfrente. opposite. *óposit*

ensalada. salad. *sálad*
enseñar. to teach, to show. *tu tíich, tu shóu*
entender. to understand. *tu anderstánd*
entero. whole. *jóul*
entonces. then. *den*
entrada. entrance, ticket. *éntrans, tíket*
entre. between, among. *bituíin, amáng*
enviar. to send. *tu send*
equipaje. luggage. *láguich*
error. mistake. *mistéik*
escalera. stairs. *stéas*
escribir. to write. *tu ráit*
escuchar. to listen. *tu lísen*
escuela. school. *scul*
ese. that. *dat*
espalda. back. *bak*
español. Spanish. *spánish*
espectáculo. spectacle. *spéctekel*
espejo. mirror. *míror*
esperar. to wait, to hope. *tu uéit, tu jóup*

Español — Inglés

espuma. foam. *fóum*
esquina. corner. *córna*
estación. station, season. *stéishen, síisen*
estanco. tobacconist's. *tobáconists*
estar. to be. *tu bíi*
este. this, East. *dis, íist*
estómago. stomach. *stómak*
estrecho. narrow, tight. *nérou, táit*
estrella. star. *star*
estreñimiento. constipation. *constipéishen*
etiqueta. label. *léibel*
exposición. exhibition. *eksibíshen*
extranjero. foreign(er). *fóren(a)*
fábrica. factory. *fáctori*
fácil. easy. *íisi*
factura. invoice. *invóis*
falda. skirt. *skert*
familia. family. *fámili*
farmacia. chemist's. *kémists*
favor (por...). please. *plíis*

febrero. February. *fébruari*
fecha. date. *déit*
feliz. happy. *jápi*
feo. ugly. *ágli*
fiebre. fever. *fíva*
fiesta. party. *párti*
fila. row, line. *róu, láin*
filete. steak. *stéik*
filtro. filter. *fílta*
fin(al). end. *end*
firmar. to sign. *tu sáin*
flan. caramel custard. *cáramel cástard*
flor. flower. *fláua*
folleto. brochure. *brósha*
foto. photograph. *fótougraf*
freno. brake. *bréik*
fresa. strawberry. *stróberi*
fresco. cool, fresh. *cúul, fresh*
frigorífico. fridge. *frich*
frío. cold. *cóuld*
frito. fried. *fráid*
frontera. frontier. *frántia*
fruta. fruit. *frúut*
fuego. fire. *fáia*

fuente. fountain. *fáuntin*

fuera. out, outside. *áut, áutsaid*

fuerte. strong. *strong*

fumar. to smoke. *tu smóuk*

función. show. *shóu*

furgoneta. van. *van*

gafas. glasses. *glásis*

galleta. biscuit. *bískit*

gallina. hen. *jen*

garaje. garage. *gárich*

garganta. throat. *zróut*

gasolina. petrol. *pétrol*

gasolinera. filling station. *fíling-stéishen*

gato. cat. *cat*

gente. people. *pípel*

ginebra. gin. *yin*

gracias. thanks. *zanks*

grado. degree. *digríi*

gran(de). big, great, large. *big, gréit, láarch*

gratis. free. *fríi*

grifo. tap. *tap*

gripe. influenza. *influénsa*

gris. grey. *gréy*

guante. glove. *glav*

guía. guide. *gáid*

guisante. pea. *píi*

gustar. to like. *tu láik*

haber. to have. *tu jav*

habitación. room. *rum*

hablar. to speak, to talk. *tu spíik, tu tok*

hacer. to do, to make. *tu du, tu méik*

hacia. towards. *touárds*

hambre. hunger. *jánga*

harina. flour. *fláua*

hasta. until. *ontíl*

hecho. fact, done, made. *fact, dan, méid*

helado. ice cream. *áis-críim*

herido. injured, wounded. *ínyed, wúundid*

hermano/a. brother, sister. *bróda, sísta*

herramienta. tool. *túul*

hervido. boiled. *bóild*

hielo. ice. *áis*

hierro. iron. *áion*

hígado. liver. *líva*

hijo/a. son/daughter. *son/dóota*
hola. hello. *jelou*
hombre. man. *man*
hora. hour. *áua*
hospital. hospital. *jóspital*
hotel. hotel. *joutél*
hoy. today. *tudéy*
huelga. strike. *stráik*
hueso. bone. *bóun*
huevo. egg. *eg*
idioma. language. *lángüich*
iglesia. church. *cherch*
igual. same, equal. *séim, ícual*
impermeable. raincoat. *réincout*
impuesto. tax. *tax*
incluido. included. *inclúdid*
indigestión. indigestion. *indiyéstion*
individual. single. *sínguel*
información. información. *informéishen*
inglés. English. *ínglish*
invitar. to invite. *tu inváit*
intentar. to try. *tu trái*
interés. interest. *íntrest*
interesante. interesting. *íntresting*
intérprete. interpreter. *intérprita*
invierno. winter. *uínta*
ir. to go. *tu góu*
isla. island. *áiland*
izquierdo. left. *left*
jabón. soap. *sóup*
jamón. ham. *jam*
jarabe. syrup. *sírop*
jardín. garden. *gárden*
jefe. chief, boss. *chíif, bos*
jersey. pullover. *pulóva*
joven. young. *yank*
joya. jewel. *yúuel*
joyería. jeweller's. *yúuelas*
juego. play, game. *pléy, guéim*
jueves. Thursday. *zérsdey*
jugar. to play. *tu pléy*
juguete. toy. *tóy*
julio. July. *yuláy*
junio. June. *yun*

juntos. together. *tuguéda*
kilo(gramo). kilogramme. *kílougram*
kilómetro. kilometre. *kíiloumiita*
la. the. *de*
labio. lip. *lip*
lado. side. *sáid*
lago. lake. *léik*
lámpara. lamp. *lamp*
lana. wool. *wúul*
lápiz. pencil. *pénsil*
largo. long. *long*
lástima. pity. *píti*
lata. tin, can. *tin, can*
lavar. to wash. *tu uósh*
lavandería. laundry. *lóondri*
le. him, her. *jim, jer*
leche. milk. *milk*
lechuga. lettuce. *létis*
leer. to read. *tu ríid*
lejos. far. *far*
lengua. tongue, language. *tang, lángüich*
lento. slow. *slóu*

letra. letter. *léta*
ley. law. *lóo*
libre. free, vacant. *fríi, véicant*
librería. bookshop. *búkshop*
libro. book. *buk*
licor. liqueur. *likíue*
ligero. light. *laít*
limón. lemon. *lémon*
limpio. clean. *clíin*
línea. line. *láin*
líquido. liquid, fluid. *lícuid, flúuid*
litera. couchette. *cushét*
lo. it, him. *it, jim*
lomo. loin. *lóin*
luego. later. *léita*
lugar. place. *pléis*
lujo. luxury. *láksheri*
luna. moon. *múun*
lunes. Monday. *mándey*
luz. light. *laít*
llamada. call. *col*
llamar. to call, to phone. *tu col, tu fóun*

Español — Inglés

llave. key. *kíi*
lleno. full. *ful*
llegada. arrival. *aráivel*
llegar. to arrive. *tu aráiv*
llevar. to carry, to wear. *tu cári, tu uéa*
llover. to rain. *tu réin*
lluvia. rain. *réin*
madera. wood. *wúud*
madre. mother. *máda*
maíz. corn. *corn*
mal. bad, badly. *bad, bádli*
maleta. suitcase. *súutkeis*
malo. bad. *bad*
mandar. to send. *tu send*
manera. way. *uéy*
manga. sleeve. *slíiv*
mano. hand. *jand*
manta. blanket. *blánkit*
mantel. tablecloth. *téibelcloz*
mantequilla. butter. *báta*
manzana. apple. *ápel*
mañana. tomorrow, morning. *tumórou, móoning*
mapa. map. *map*

máquina. machine. *mashíin*
mar. sea. *síi*
marca. mark. *mark*
mareo. seasickness. *síisiknes*
marido. husband. *jásband*
marisco. seafood. *síifuud*
marrón. brown. *bráun*
martes. Tuesday. *tiúsdey*
marzo. March. *march*
más. more. *móo*
matrícula. number-plate. *námba-pléit*
mayo. May. *méy*
mayor. bigger, older, larger. *bíga, óulda, láarya*
me. me. *mi*
mecánico. mechanic. *mecánic*
medianoche. midnight. *mídnait*
medicina. medicine. *médsin*
médico. doctor. *docter*
medida. measure. *mésha*
medio. half, middle. *jaf, mídel*

mediodía. midday, noon. *míd-dey, núun*

mejor. better, best. *béta, best*

melocotón. peach. *píich*

melón. melon. *mélon*

menor. smaller, younger. *smóla, yánga*

menos. less. *les*

mensaje. message. *mésich*

menudo (a...). often. *ófen*

mercado. market. *márket*

merluza. hake. *jéik*

mermelada. jam. *yam*

mes. month. *manz*

mesa. table. *téibel*

metro. metre, underground. *míita, ándagraund*

mezcla. mixture. *míxcha*

mi. my. *mai*

mí. me. *mi*

miel. honey. *jáni*

mientras. while. *juáil*

miércoles. Wednesday. *uénsdéy*

mil. thousand. *záusend*

milla. mile. *máil*

millón. million. *mílion*

minuto. minute. *mínit*

mío. mine. *máin*

mirar. to look. *tu luk*

mismo. same. *séim*

mitad. half. *jaf*

mixto. mixed. *mikst*

moda. fashion. *fáshien*

modo. way. *uéy*

molestar. to disturb. *tu distérb*

momento. moment. *móument*

moneda. coin. *cóin*

montaña. mountain. *máuntin*

monumento. monument. *móniument*

moreno. dark-haired. *darkjéad*

morir. to die. *tu dái*

mostaza. mustard. *mástard*

mostrador. counter. *cáunta*

Español — Inglés

motivo. reason. *ríisen*

moto. motorcycle. *móutorsáikel*

muchacho/a. boy, girl. *bóy, guerl*

mucho. much. *mach*

mueble. furniture. *férnicha*

muelle. quay. *kíi*

muerto. dead. *déed*

mujer. woman, wife. *uóman, uáif*

multa. fine. *fáin*

mundo. world. *uóold*

museo. museum. *miusíem*

música. music. *miúsic*

muy. very. *véri*

nacer. to be born. *tu bíi born*

nacimiento. birth. *berz*

nada. nothing. *názing*

nadar. to swim. *tu suím*

nadie. nobody. *nóubodi*

naranja. orange. *óurinch*

nariz. nose. *nóus*

nata. cream. *críim*

navegar. to sail. *tu séil*

Navidad. Christmas. *crísmas*

necesario. necessary. *nésiseri*

necesitar. to need. *tu níid*

negocio. business. *bísnes*

negro. black. *blak*

neumático. tyre. *táia*

nevar. to snow. *tu snóu*

ni. nor, neither. *nor, náida*

niebla. fog. *fog*

nieve. snow. *snóu*

ningún/a. no, not any. *nóu, not éni*

niño/a. child. *cháild*

no. no, not. *nou, not*

noche. night. *náit*

nombre. name, noun. *néim, náun*

norte. north. *norz*

nos. us. *as*

nosotros. we. *uí*

noticia. news. *niús*

noveno. ninth. *náinz*

noviembre. November. *novémba*

nube. cloud. *cláud*
nuestro. our. *áua*
nueve. nine. *náin*
nuevo. new. *niú*
número. number. *námba*
nunca. never. *néva*
o. or. *or*
objeto. object, purpose. *obyéct, pérpos*
obra. work, play. *uórk, pléy*
ocasión. chance. *chans*
ocho. eight. *éit*
ocio. leisure. *lécha*
octavo. eighth. *éiz*
octubre. October. *octóba*
ocupado. occupied. *ókiupaid*
oeste. west. *uést*
oferta. offer. *ófer*
oficina. office. *ófis*
ofrecer. to offer. *tu ófer*
oído. ear. *ía*
oír. to hear. *tu jía*
ojo. eye. *ái*
ola. wave. *uéiv*
olor. smell. *smel*

olvidar. to forget. *tu forguét*
once. eleven. *iléven*
óptica. optician's. *optíshens*
orden. order. *órda*
oreja. ear. *ía*
orilla. shore. *shóo*
oro. gold. *góuld*
orquesta. orchestra. *órkistra*
os. you. *yu*
oscuro. dark. *dark*
otoño. autumn. *ótom*
otro. another, other. *anóda, óda*
padre. father. *fáda*
padres. parents. *párents*
pagar. to pay. *tu péy*
página. page. *péich*
país. country. *cáuntri*
paisaje. landscape. *lándskeip*
pájaro. bird. *berd*
palabra. word. *uórd*
palacio. palace. *pálas*
palmera. palm. *palm*
pan. bread. *bred*
panadería. baker's. *béikas*

pantalones. trousers. *tráusas*

pañuelo. handkerchief. *jándkechiif*

papel. paper. *péipa*

paquete. parcel, package. *pársel, pákich*

par. pair. *peá*

para. to, in order to, for. *tu, in órda tu, for*

parada. stop. *stop*

paraguas. umbrella. *ambréla*

parar. to stop. *tu stop*

pared. wall. *uól*

pariente. relative. *rélatif*

parque. park. *park*

parte. part. *part*

partido. party, match. *párti, match*

pasado. last, past. *last, past*

pasajero. passenger. *pásenya*

pasaporte. passport. *pásport*

paseo. walk, promenade. *uók, prominád*

pasillo. corridor. *córidor*

paso. step, pass. *step, pas*

pastel. pie, cake. *pái, kéik*

pastilla. tablet. *táblet*

patata. potato. *potéito*

patio. courtyard. *córtyard*

pato. duck. *dak*

pavo. turkey. *térki*

peaje. toll. *tol*

peatón. pedestrian. *pidéstrian*

pecho. chest. *chest*

pedazo. piece, bit. *píis, bit*

pedir. to ask for, to order. *tu ask for, tu órda*

peinado. hair style. *jéa stáil*

peine. comb. *cóum*

película. film. *film*

peligro. danger. *déinya*

peligroso. dangerous. *déinyerous*

pelo. hair. *jéa*

peluquería. hairdresser's. *jeadrésas*

pensar. to think. *tu zink*

pensión. guest-house. *guestjáus*

peor. worse, worst. *uórs, uórst*

pepino. cucumber. *kiúcamba*

pequeño. little, small. *lítel, smol*

pera. pear. *pía*

perder. to lose. *tu lúus*

perdón. pardon, sorry. *párdon, sóri*

periódico. newspaper. *niúspeipa*

permiso. permission, licence. *permíshen, láisens*

permitir. to allow, to permit. *tu aláu, tu permít*

pero. but. *bat*

perro. dog. *dog*

persona. person. *pérson*

pesado. heavy. *jévi*

pescado. fish. *fish*

peso. weight. *uéit*

pie. foot. *fúut*

piedra. stone. *stóun*

piel. skin, leather. *skin, léda*

pierna. leg. *leg*

pieza. part, piece. *part, píis*

pila. battery. *bátri*

pimienta. pepper. *pépa*

pimiento. (red, green) pepper. *(red, gríin) pépa*

pinchazo. puncture. *pánkcha*

pintura. painting. *péinting*

piña. pineapple. *páinapel*

piscina. swimming pool. *suíming púul*

piso. flat, floor. *flat, flóor*

planchar. to iron. *tu áion*

plano. plan. *plan*

planta. plant, floor. *plant, flóor*

plata. silver. *sílva*

plátano. banana. *banána*

plato. dish. *dish*

playa. beach. *bíich*

plaza. square. *scuéa*

plomo. lead. *led*

pluma. pen. *pen*

pobre. poor. *púa*

poco. little, few. *lítel, fiú*

Español — Inglés

poder. can, may. *can, méy*
policía. police, policeman. *polís, polísman*
pollo. chicken. *chíken*
poner. to put. *tu put*
poquito. little. *lítel*
por. for, because of. *for, bicós ov*
porque. because. *bicós*
por qué. why. *uáy*
postal. postcard. *póust-card*
postre. dessert. *désert*
precio. price. *práis*
preguntar. to ask. *tu ask*
prensa. press. *pres*
preparar. to prepare. *tu pripér*
presentar. to introduce. *tu introdiús*
primavera. spring. *spríng*
primero. first. *ferst*
primo. cousin. *cásin*
principal. main. *méin*
principio. beginning. *biguíning*
prisa. hurry. *jári*

problema. problem. *próblem*
prohibir. to forbid. *tu fobíd*
pronto. soon. *súun*
propiedad. property. *próperty*
propina. tip. *tip*
propio. own. *óun*
propósito. purpose. *pérpos*
próximo. next, close. *next, clóus*
pueblo. village. *vílich*
puente. bridge. *brich*
puerta. door. *dóor*
puerto. port, harbour. *port, járbor*
pulmón. lung. *lang*
punto. point. *póint*
puro. pure, cigar. *piúa, sigár*
que. that, what. *dat, uót*
qué. what, which. *uót, uích*
quedarse. to stay. *tu stéy*
queja. complaint. *compléint*
quemadura. burn. *bern*
querer. to want, to love. *tu uónt, tu lav*

queso. cheese. *chíis*
quien. who. *júu*
quince. fifteen. *fiftíin*
quincena. fortnight. *fotnáit*
quinientos. five hundred. *fáiv jándrid*
quinto. fifth. *fifz*
quiosco. newsagent's. *niúséiyents*
quizá(s). perhaps. *perjáps*
ramo. bouquet. *buké*
rápido. quick. *cuík*
rato. while. *juáil*
razón. reason, cause. *ríisen, cos*
rebajas. sales. *séils*
receta. prescription, recipe. *prescrípshen, rísipi*
recibir. to receive. *tu risíiv*
reclamar. to claim. *tu cléim*
recoger. tu collect, to pick up. *tu coléct, tu píkap*
recomendar. to advise, to recommend. *tu adváis, tu recoménd*
recordar. to remember. *tu rimémba*
recto. straight. *stréit*
recuerdo. souvenir, memory. *suuvenía, mémori*
redondo. round. *ráund*
refresco. refreshment. *rifréshment*
regalo. present, gift. *présent, guift*
reloj. watch. *uótch*
relleno. stuffed. *staft*
remitente. sender. *sénda*
reparar. to repair. *tu ripér*
repente (de...). suddenly. *sádenli*
repetir. to repeat. *tu ripíit*
repuesto. spare. *spéa*
reservar. to book, to reserve. *tu buk, tu risérv*
resfriado. cold. *cóuld*
respuesta. answer. *ánsa*
restaurante. restaurant. *réstorant*
retraso. delay. *diléy*
revista. magazine. *mágasin*
rico. rich. *rich*
riñón. kidney. *kídni*
río. river. *ríva*

robar. to steal. *tu stíil*
rodilla. knee. *níi*
rojo. red. *red*
ropa. clothes. *clóuds*
rosa. rose, pink. *róus, pink*
roto. broken. *bróuken*
rubio. blond. *blond*
rueda. wheel. *uíil*
ruido. noise. *nóis*
ruta. route. *rúut*
sábado. Saturday. *sáterdey*
sábana. sheet. *shíit*
saber. to know. *tu nóu*
sabor. taste, flavour. *téist, fléiva*
sal. salt. *solt*
sala. hall. *jol*
salchicha. sausage. *sósich*
salida. departure, exit. *dipárcha, éksit*
salir. to go out, to leave. *tu góu áut, tu líiv*
salón. living room. *líving-rum*
salsa. sauce. *sóos*
salud. health, cheers. *jelz, chías*
saludo. greeting. *gríiting*
san(ta). saint, holy. *séint, jóli*
sangre. blood. *blad*
se. oneself, him/herself. *uánself, jim/jerself*
seco. dry. *drái*
sed. thirst. *zéest*
seda. silk. *silk*
seguida (en...). at once. *at uáns*
seguir. to follow. *tu fólou*
según. according to. *acórding tu*
segundo. second. *sécond*
seguro. sure, safe. *shúa, séif*
seis. six. *siks*
sello. stamp. *stamp*
semáforo. traffic-lights. *tráfic-láits*
semana. week. *uíik*
sencillo. simple. *símpel*
sentarse. to sit down. *tu sit dáun*
señal. sign, signal. *sáin, sígnal*
señor. mister, sir. *místa, ser*

señora. missis, madam. *mísis, mádam*

septiembre. September. *septémba*

séptimo. seventh. *sévenz*

ser. to be. *tu bíi*

servicio. service. *sérvis*

servicios. toilets. *tóilets*

servilleta. serviette. *serviét*

servir. to serve. *tu serv*

sexto. sixth. *sixz*

si. if, whether. *if, uéda*

sí. yes. *yes*

siempre. always. *ólweis*

sierra. mountain range. *máuntin réinch*

siete. seven. *séven*

siglo. century. *sénchuri*

significado. meaning. *míining*

siguiente. next, following. *next, fólouing*

silencio. silence. *sáilens*

silla. chair. *chéa*

simpático. nice. *náis*

sin. without. *uidáut*

sitio. place, spot. *pléis, spot*

sobre. over, envelope. *óva, énveloup*

sobrino/a. nephew, niece. *néfiu, níis*

socorro. help, aid. *jelp, éid*

sol. sun. *san*

solamente. only. *óunli*

solo. alone, only. *alóun, óunli*

solomillo. sirloin. *sérloin*

soltero. single, unmarried. *sínguel, anmérid*

sombra. shadow. *shádou*

sombrero. hat. *jat*

sonido. sound. *sáund*

sopa. soup. *súup*

su. his, her, its, their. *jis, jer, its, déir*

suave. soft, mild. *soft, máild*

subir. to go up. *tu góu ap*

suceso. event. *ivént*

sucio. dirty. *dérti*

suelo. floor, ground. *flóor, gráund*

suerte. luck. *lak*

Español — Inglés

sur. south. *sáuz*
suyo. his, hers, theirs. *jis, jers, déirs*
tabaco. tobacco. *tobáco*
tal. such. *sach*
talla. size. *sáis*
taller. repair shop. *ripérshop*
tamaño. size. *sáis*
también. too, also. *túu, ólsou*
tampoco. not either. *not áida*
tan. so, as. *sóu, as*
tanto. so much/many. *sóu mach/méni*
taquilla. ticket office. *tíket ófis*
tarde. afternoon, evening. *áftanuun, ívning*
tarifa. rate. *réit*
tarjeta. card. *cáard*
tarta. cake, tart. *kéik, tart*
taza. cup. *cap*
te. you, yourself. *yor, yorself*
té. tea. *tíi*
teatro. theatre. *zíata*
techo. ceilling. *síiling*

teléfono. telephone. *télifoun*
televisión. television. *télivishen*
temperatura. temperature. *témpricha*
temprano. early. *éerli*
tenedor. fork. *fóok*
tener. to have. *tu jav*
tercero. third. *zerd*
terminar. to finish. *tu fínish*
ternera. veal. *víil*
terraza. terrace. *téras*
ti. you. *yu*
tiempo. time, weather. *táim, uéda*
tienda. shop, tent. *shop, tent*
tierra. earth, ground. *éerz, gráund*
tijeras. scissors. *sísos*
tinto. red. *red*
tío/a. uncle, aunt. *ónkel, áant*
típico. typical. *típical*
tirar. to pull. *tu pul*
toalla. towel. *táuel*
tobillo. ankle. *ánkel*

tocar. to touch, to play. *tu tach, tu pléy*
todavía. still, yet. *stil, yet*
todo. all, the whole. *ol, de jóul*
tomar. to take. *tu téik*
tomate. tomato. *toméitou*
toro. bull. *bul*
torre. tower. *táua*
tortilla. omelet. *ómlet*
tos. caugh. *cof*
tostada. toast. *tóust*
trabajar. to work. *tu uórk*
traer. to bring. *tu bring*
traducir. to translate. *tu transléit*
traje. dress, suit. *dres, súut*
tranquilo. quiet. *cuáiet*
tranvía. tram. *tram*
tratar. to try. *tu trái*
travesía. crossing. *crósing*
trece. thirteen. *zertíin*
treinta. thirty. *zérti*
tren. train. *tréin*
tres. three. *zríi*
trozo. piece, part. *píis, part*
trueno. thunder. *zánda*

tu. your. *yor*
tú. you. *yu*
turismo. tourism. *túurism*
turista. tourist. *túurist*
tuyo. yours. *yors*
último. last, final. *last, fáinal*
un/a. a, an. *a, an*
único. only (one). *óunli (uán)*
uno. one. *uán*
urgente. urgent. *éryent*
usar. to use. *tu iús*
usted. you. *yu*
útil. useful. *iúsful*
uva. grape. *gréip*
vaca. cow. *cáu*
vacaciones. holidays. *jólideis*
vacío. empty. *émpti*
vagón. coach. *cóuch*
vale. O.K. All right. *Ou-kéy. Ol-ráit*
valer. to cost. *tu cost*
valor. value. *váliuu*
valle. valley. *váli*
vaqueros. jeans. *yíins*

Español — Inglés

varios. several. *sévral*
vaso. glass. *glas*
vecino. neighbour. *néiba*
veinte. twenty. *tuénti*
velocidad. speed. *spíid*
vender. to sell. *tu sel*
venir. to come. *tu cam*
venta. sale. *séil*
ventana. window. *uíndou*
ventanilla. ticket/car window. *tíket/car uíndou*
ver. to see. *tu síi*
verano. summer. *sáma*
verdad. truth. *truz*
verde. green. *gríin*
verdura. vegetables. *védyeteibels*
vestido. dress. *dres*
vez. time. *táim*
vía. track. *trak*
viajar. to travel. *tu trável*
viajero. traveller. *trávela*
vida. life. *láif*
viejo. old. *óuld*
viento. wind. *uínd*
viernes. Friday. *fráidey*
vinagre. vinegar. *vínega*
vino. wine. *uáin*
visado. visa. *víisa*
visita. visit. *vísit*
visitar. to visit. *tu vísit*
vista. view, sight. *viúu, sáit*
viudo. widow. *uídou*
vivir. to live. *tu liv*
vivo. alive. *aláiv*
volante. steering wheel. *stíiring-uíil*
volver. to return. *tu ritárn*
vosotros. you. *yu*
voz. voice. *vóis*
vuelo. flight. *fláit*
vuelta. return, turn. *ritárn, tarn*
vuestro. your. *yor*
y. and. *and*
ya. already. *ólredi*
yate. yacht. *yot*
yo. I. *ái*
zanahoria. carrot. *cárot*
zapatería. shoeshop. *shúushop*
zapato. shoe. *shúu*
zoo. zoo. *súu*
zumo. juice. *yúus*

INGLÉS-ESPAÑOL

a(n). *a, an.* un(a)
about. *abáut.* sobre
accept. *aksépt.* aceptar
accident. *áksident.* accidente
account. *acáunt.* cuenta
ache. *éik.* dolor
address. *ádres.* dirección
admit. *admít.* admitir
advertisement. *advertáisment.* anuncio
advice. *adváis.* consejo.
advise. *adváis.* aconsejar
affair. *áfer.* asunto
after. *áfta.* después
again. *eguéin.* otra vez
against. *eguénst.* contra
age. *éich.* edad
ago. *egóu.* hace
ahead. *ajéd.* adelante
air. *éer.* aire
alcohol. *álcojol.* alcohol
all. *ol.* todo
allow. *eláu.* permitir
almost. *ólmoust.* casi
alone. *alóun.* solo
along. *alóng.* a lo largo de
already. *ólredi.* ya
also. *ólsou.* también
although. *oldóu.* aunque
always. *ólweys.* siempre
ambulance. *ámbiulans.* ambulancia
among. *amáng.* entre
amount. *amáunt.* suma
and. *and.* y
another. *anóda.* otro
answer. *ánsa.* respuesta, contestar
any. *éni.* cualquiera
apartment. *apártment.* apartamento
apple. *ápel.* manzana
appointment. *apóintment.* cita
April. éipril. *abril*
arm. *arm.* brazo
around. *aráund.* alrededor
arrive. *aráiv.* llegar
arrival. *aráivel.* llegada

Español — Inglés

as. *as.* como
ask. *ask.* preguntar
at. *at.* a, en
attention. *aténshen.* atención
August. *ógost.* agosto
aunt. *áant.* tía
autumn. *ótom.* otoño
avenue. *áveniu.* avenida
back. *bak.* espalda, atrás
bad. *bad.* malo
banana. *banána.* plátano
bank. *bank.* banco
bar. *bar.* bar
bath. *báaz.* baño
bathroom. *bázrum.* cuarto de baño
battery. *bátri.* pila, batería
be. *bíi.* ser, estar
beach. *bíich.* playa
beautiful. *biútiful.* bonito
because. *bicós.* porque
bed. *bed.* cama
bedroom. *béd-rum.* dormitorio
beer. *bía.* cerveza

before. *bifór.* antes
begin. *biguín.* empezar
behind. *bijáind.* detrás
believe. *bilíiv.* creer
belt. *belt.* cinturón
beside. *bisáid.* junto a
best, better. *best, béta.* mejor
between. *bituín.* entre
bicycle. *báisikel.* bicicleta
big. *big.* grande
bill. *bil.* cuenta
bird. *berd.* pájaro
biscuit. *bískit.* galleta
bitter. *bíta.* amargo
black. *blak.* negro
blanket. *blánkit.* manta
blond. *blond.* rubio
blood. *blad.* sangre
blue. *blu.* azul
body. *bódi.* cuerpo
bone. *bóun.* hueso
book. *buk.* libro
boot. *búut.* bota
both. *bóuz.* ambos
bother. *bóda.* molestar

bottle. *bótel.* botella
box. *box.* caja
boy. *bói.* chico
brake. *bréik.* freno
bread. *bred.* pan
breakdown. *bréik-dáun*
breakfast. *brékfast.* desayuno
bridge. *brich.* puente
bring. *bring.* traer
brochure. *bróusha.* folleto
broken. *bróuken.* roto
brother. *bróda.* hermano
brown. *bráun.* marrón
brush. *brash.* cepillo
building. *bílding.* edificio
bull. *bul.* toro
business. *bísnes.* negocio
but. *bat.* pero
butcher's. *bátchas.* carnicería
butter. *báta.* mantequilla
buy. *báy.* comprar
by. *báy.* por, de
cabin. *cábin.* camarote
cake. *kéik.* pastel, tarta

call. *col.* llamada, llamar
camera. *cámra.* cámara
can. *can.* poder, lata
car. *car.* coche
card. *cáard.* tarjeta
carrot. *cárot.* zanahoria
carry. *cári.* llevar
cash. *cash.* cobrar, caja
castle. *cásel.* castillo
cat. *cat.* gato
cathedral. *cazídral.* catedral
caution. *cóshien.* cuidado
centre. *sénta.* centro
century. *sénchuri.* siglo
chair. *chéa.* silla
change. *chéinch.* cambio
cheap. *chíip.* barato
cheese. *chíis.* queso
chemist's. *kémists.* farmacia
cheque. *chek.* cheque
cherry. *chéri.* cereza
child. *cháild.* niño
chocolate. *chóclit.* chocolate
chop. *chop.* chuleta
church. *cherch.* iglesia
cigar. *sigár.* puro

cigarette. *sígaret.* cigarrillo
cinema. *sínema.* cine
city. *síti.* ciudad
class. *clas.* clase
clean. *clíin.* limpio
clear. *clía.* claro
climate. *cláimit.* clima
close. *clóus.* cerrar, cerca
closed. *clóust.* cerrado
clothes. *clóuds.* ropa
cloud. *cláud.* nube
coach. *cóuch.* autocar
coast. *cóust.* costa
coat. *cóut.* abrigo
coin. *cóin.* moneda
cold. *cóuld.* frío, resfriado
colour. *cála.* color
comb. *cóum.* peine
come. *cam.* venir
concert. *cónsert.* concierto
constipation. *constipéishen.* estreñimiento
cook. *kuk.* cocinar
cool. *cúul.* fresco
corn. *corn.* maíz

corner. *córna.* esquina
cost. *cost.* costar
cotton. *cóton.* algodón
cough. *cof.* tos
counter. *cáunta.* mostrador
country. *cáuntri.* país
court. *cóort.* patio, pista
cousin. *cásin.* primo
cow. *cáu.* vaca
cream. *críim.* nata
cross. *cros.* cruzar
cup. *cap.* taza
custom. *cástom.* costumbre
customs. *cástoms.* aduana
cut. *cat.* cortar, corte
daily. *déili.* diario
damage. *dámich.* daño
danger. *déinya.* peligro
dangerous. *déinyerous.* peligroso
dark. *dáark.* oscuro
date. *déit.* fecha
daughter. *dóta.* hija
day. *déy.* día
dead. *déed.* muerto

December. *disémba.* diciembre

deck. *dek.* cubierta, tapa

delay. *diléy.* retraso

departure. *dipárcha.* salida

dessert. *désert.* postre

dictionary. *díkshionari.* diccionario

die. *dái.* morir

difficult. *díficalt.* difícil

dinner. *dína.* comida

direct. *dairéct.* directo

dirty. *dérti.* sucio

discount. *discáunt.* descuento

dish. *dish.* plato

district. *dístrict.* barrio

disturb. *distérb.* molestar

do. *du.* hacer

doctor. *dócter.* médico

dog. *dog.* perro

door. *dóor.* puerta

double. *dábel.* doble

down. *daún.* abajo

dress. *dres.* vestido, vestirse

drink. *drink.* bebida, beber

drive. *dráiv.* conducir

dry. *drái.* seco

duck. *dak.* pato

during. *diúring.* durante

each. *íich.* cada

ear. *ía.* oído, oreja

early. *éerli.* temprano

earth. *éerz.* tierra

east. *íist.* este

easy. *íisi.* fácil

eat. *íit.* comer

egg. *eg.* huevo

eight. *éit.* ocho

elbow. *élbou.* codo

elder, eldest. *élda, éldest.* mayor

eleven. *iléven.* once

embassy. *émbasi.* embajada

empty. *émpti.* vacío

end. *end.* fin(al)

engine. *ényin.* motor

English. *ínglish.* inglés

enough. *enáf.* bastante

entry (entrance). *éntri (éntrans).* entrada

Español — Inglés

envelope. *énveloup.* sobre
evening. *ívning.* tarde
every. *évri.* cada
example. *igsámpel.* ejemplo
exchange. *ikschéinch.* cambio
excuse. *exkiús.* perdonar, disculpar
exhibition. *eksibíshen.* exposición
exit. *éksit.* salida
eye. *ái.* ojo
face. *féis.* cara
factory. *fáctori.* fábrica
family. *fámili.* familia
far. *fáar.* lejos
fare. *féa.* tarifa
fashion. *fáshien.* moda
fast. *fast.* rápido
father. *fáda.* padre
February. *fébruari.* febrero
ferry. *féri.* transbordador
few. *fiú.* pocos
field. *fíild.* campo
filling station. *fíling-stéishen.* gasolinera
film. *film.* película
filter. *fílta.* filtro
find. *fáind.* encontrar
fine. *fáin.* bonito, multa
finger. *fínga.* dedo
finish. *fínish.* acabar, terminar
fire. *fáia.* fuego
first. *ferst.* primero
fish. *fish.* pescado
five. *fáiv.* cinco
flavour. *fléiva.* sabor
flight. *fláit.* vuelo
floor. *flóor.* piso, planta
flower. *fláua.* flor
follow. *fólou.* seguir
food. *fúud.* comida
foot. *fúut.* pie
for. *for.* para
forbidden. *fobíden.* prohibido
foreign(er). *fóren(a).* extranjero
fork. *fóork.* tenedor
forget. *forguét.* olvidar
fountain. *fáuntin.* fuente

free. *fríi.* libre, gratis
Friday. *fráidey.* viernes
fried. *fráid.* frito
friend. *frend.* amigo
from. *from.* de, desde
fruit. *frúut.* fruta
full. *ful.* lleno
furniture. *férnicha.* mueble
gallon. *gálon.* galón (4,54 l.)
game. *guéim.* juego
garage. *gárich.* garaje
garden. *gárden.* jardín
garlic. *gárlic.* ajo
gate. *guéit.* puerta
gentleman. *yéntelman.* caballero
gift. *guift.* regalo
girl. *guerl.* chica
give. *guiv.* dar
glad. *glad.* contento
glass. *glas.* vaso
glasses. *glásis.* gafas
glove. *glav.* guante
go. *góu.* ir
go out. *góu áut.* salir
gold. *góuld.* oro
good. *gud.* bueno
good bye. *gud bay.* adiós
grape. *gréip.* uva
great. *gréit.* grande
green. *gríin.* verde
greeting. *gríiting.* saludo
grey. *gréy.* gris
group. *grúup.* grupo
guide. *gáid.* guía
habit. *jábit.* costumbre
hair. *jéa.* pelo
half. *jaf.* medio
ham. *jam.* jamón
hand. *jand.* mano
handbag. *jándbag.* bolso
happen. *jápen.* pasar, ocurrir
happy. *jápi.* feliz
harbour. *járbor.* puerto
hat. *jat.* sombrero
have. *jav.* tener, haber
have lunch. *jav lanch.* almorzar
he. *jíi.* él
head. *jed.* cabeza

health. *jelz.* salud
hear. *jía.* oír
heart. *jáart.* corazón
heavy. *jévi.* pesado
help. *jelp.* ayuda, ayudar
her. *jer.* su, la, le
high. *jái.* alto
him. *jim.* lo, le
hire. *jáia.* alquilar
his. *jis.* su
holidays. *jólideys.* vacaciones
holy. *jóli.* santo
home. *jóum.* casa, hogar
honey. *jáni.* miel
hope. *jóup.* esperar
horse. *jors.* caballo
hospital. *jóspital.* hospital
hot. *jot.* caliente
hotel. *joutél.* hotel
hour. *áua.* hora
house. *jáus.* casa
how. *jáu.* cómo
hunger. *jánga.* hambre
hurry. *jári.* prisa
hurt. *jert.* herida, daño

husband. *jásband.* marido
ice. *áis.* hielo
ice cream. *áis-críim.* helado
if. *if.* si
ill. *il.* enfermo
in. *in.* en, dentro de
inch. *inch.* pulgada
included. *inclúdid.* incluido
indigestion. *indiyéstion.* indigestión
influenza. *influénsa.* gripe
injured. *ínyed.* herido
interest. *íntrest.* interés
interesting. *íntresting.* interesante
interpreter. *intérprita.* intérprete
into. *íntu.* en
introduce. *introdiús.* presentar
invite. *inváit.* invitar
iron. *áion.* hierro, planchar
island. *áiland.* isla
it. *it.* lo
jacket. *yáket.* chaqueta

jam. *yam.* mermelada
January. *yánuari.* enero
jeans. *yíins.* vaqueros
jewel. *yúuel.* joya
jeweller's. *yúuelas.* joyería
journey. *yérni.* viaje
juice. *yúus.* zumo
July. *yulái.* julio
June. *yun.* junio
key. *kíi.* llave
kidney. *kídni.* riñón
kind. *káind.* amable, tipo
kitchen. *kíchen.* cocina
knee. *níi.* rodilla
knife. *náif.* cuchillo
know. *nóu.* saber, conocer
lady. *léidi.* señora
lake. *léik.* lago
lamp. *lamp.* lámpara
land. *land.* tierra, aterrizar
language. *lángüich.* lengua, idioma
large. *larch.* grande
last. *last.* último, durar
last night. *last night.* anoche

late. *léit.* tarde
later. *léita.* luego
laundry. *lóondri.* lavandería
learn. *léern.* aprender
leather. *léda.* piel
leave. *líiv.* salir, irse
left. *left.* izquierdo
leg. *leg.* pierna
leisure. *lécha.* tiempo libre
lemon. *lémon.* limón
less. *les.* menos
letter. *léta.* carta, letra
lettuce. *létis.* lechuga
library. *láibreri.* biblioteca
life. *láif.* vida
lift. *lift.* ascensor
light. *láit.* luz
lighter. *láita.* encendedor
like. *láik.* gustar, como
line. *láin.* línea
lip. *lip.* labio
listen. *lísen.* escuchar
little. *lítel.* pequeño, poco
live. *liv.* vivir
liver. *líva.* hígado

lodging. *lódying.* alojamiento
long. *long.* largo
look. *luk.* mirar
look for. *luk for.* buscar
lorry. *lóri.* camión
lost. *lost.* perdido
loud. *láud.* alto
low. *lóu.* bajo
luck. *lak.* suerte
luggage. *láguich.* equipaje
lunch. *lanch.* almuerzo
lung. *lang.* pulmón
luxury. *láksheri.* lujo
machine. *mashíin.* máquina
madam. *mádam.* señora
made. *méid.* hecho
magazine. *mágasin.* revista
mail. *méil.* correo
main. *méin.* principal
make. *méik.* hacer
man. *man.* hombre
many. *méni.* muchos
map. *map.* mapa
March. *march.* marzo

market. *márkit.* mercado
marmalade. *mármeleid.* mermelada de naranja
married. *mérid.* casado
match. *match.* cerilla, partido
mattress. *mátres.* colchón
May. *méy.* mayo
me. *mi.* mí
meal. *míil.* comida
meaning. *míining.* significado
measure. *mésha.* medida
meat. *míit.* carne
mechanic. *mecánic.* mecánico
medicine. *médsin.* medicina
melon. *mélon.* melón
message. *mésich.* mensaje
mild. *máild.* suave
mile. *máil.* milla (1,6 Km.)
milk. *milk.* leche
million. *mílion.* millón
mirror. *míror.* espejo
miss. *mis.* señorita

mistake. *mistéik.* error
mister. *místa.* señor
missis. *mísis.* señora
mixed. *mikst.* mixto
moment. *móument.* momento
Monday. *mándey.* lunes
money. *máni.* dinero
month. *manz.* mes
monument. *móniument.* monumento
moon. *múun.* luna
more. *móo.* más
morning. *móoning.* mañana
mother. *máda.* madre
motorway. *móutor-uéy.* autopista
mountain. *máuntin.* montaña
mouth. *máuz.* boca
much. *mach.* mucho
museum. *miusíem.* museo
music. *miúsic.* música
must. *mast.* deber
mustard. *mástard.* mostaza
my. *mai.* mi, mis

name. *néim.* nombre
narrow. *nérou.* estrecho
near. *nía.* cerca
necessary. *nésiseri.* necesario
neck. *nek.* cuello
need. *níid.* necesitar
neighbour. *néiba.* vecino
neither. *náida.* ni
nephew. *néfiu.* sobrino
never. *néva.* nunca
new. *niú.* nuevo
news. *niús.* noticia
newsagent's. *niús-eíyents.* quiosco
newspaper. *niúspeipa.* periódico
next. *next.* siguiente, próximo
nice. *náis.* agradable
niece. *níis.* sobrina
night. *náit.* noche
nine. *náin.* nueve
no. *nou.* no, ningún
nobody. *noubódi.* nadie
noise. *nóis.* ruido

Español — Inglés

none. *nan.* ninguno
noon. *núun.* mediodía
nor. *nor.* ni
north. *norz.* norte
nose. *nóus.* nariz
not. *not.* no
nothing. *názing.* nada
notice. *nóutis.* aviso
noun. *náun.* nombre
November. *novémba.* noviembre
now. *náu.* ahora
number. *námba.* número
nurse. *ners.* enfermera
o'clock. *oclók.* en punto
October. *octóba.* octubre
of. *ov.* de
offer. *ófer.* oferta, ofrecer
office. *ófis.* oficina
often. *ófen.* a menudo
oil. *óil.* aceite
old. *óuld.* viejo
olive. *óliv.* aceituna
on. *on.* en, sobre
once. *uáns.* una vez
one. *uán.* uno
onion. *ónion.* cebolla
only. *óunli.* solamente
open. *óupen.* abrir, abierto
opposite. *óposit.* enfrente
optician's. *optíshiens.* óptica
or. *or.* o
orange. *órinch.* naranja
orchestra. *órkistra.* orquesta
order. *órda.* orden, pedir
other. *óda.* otro
ounce. *áuns.* onza (28 gr.)
our. *áua.* nuestro
out. *áut.* fuera
out of order. *áut ov órda.* averiado
over. *óva.* encima
owe. *óu.* deber
owner. *óuna.* dueño
package. *pákich.* paquete
pain. *péin.* dolor
painting. *péinting.* pintura
pair. *péa.* par
palace. *pálas.* palacio
paper. *péipa.* papel

parcel. *pársel.* paquete
pardon. *párdon.* perdón
parents. *párents.* padres
park. *páark.* aparcar, parque
parking. *párking.* aparcamiento
part. *part.* parte
party. *párti.* partido, fiesta
passenger. *pásenya.* pasajero
passport. *pásport.* pasaporte
pavement. *péivment.* acera
pay. *péy.* pagar
peach. *píich.* melocotón
pear. *pía.* pera
pedestrian. *pidéstrian.* peatón
pen. *pen.* pluma
pencil. *pénsil.* lápiz
people. *pípel.* gente
pepper. *pépa.* pimienta
perhaps. *perjáps.* tal vez
permission. *permíshien.* permiso

petrol. *pétrol.* gasolina
photograph. *fótougraf.* foto
pick up. *píkap.* recoger
picture. *pikcha.* cuadro
pie. *pái.* pastel, tarta
piece. *píis.* pieza, trozo
pillow. *pílou.* almohada
pineapple. *páinapel.* piña
pink. *pink.* rosa
pint. *páint.* pinta (450 gr.)
pity. *píti.* lástima
place. *pléis.* sitio, lugar
plan. *plan.* plano
plane. *pléin.* avión
plant. *plant.* planta
platform. *plátform.* andén
play. *pléy.* jugar, tocar
please. *plíis.* por favor
plum. *plam.* ciruela
pocket. *pókit.* bolsillo
point. *póint.* punto
police. *polís.* policía
police station. *polís stéishen.* comisaría
poor. *púa.* pobre

pork. *pork.* cerdo
port. *port.* puerto
post office. *póus-ófis.* Correos
potato. *potéito.* patata
prefer. *prifér.* preferir
prepare. *pripér.* preparar
prescription. *prescrípshen.* receta
present. *présent.* regalo, presente
pretty. *príti.* guapo, bonito
price. *práis.* precio
problem. *próblem.* problema
promenade. *prominád.* paseo
pull. *pul.* tirar
pullover. *pulóva.* jersey
puncture. *pánkcha.* pinchazo
push. *push.* empujar
put. *put.* poner
put in. *put in.* meter
quarter. *cuóta.* cuarto
quay. *kíi.* muelle

question. *cuéstshen.* pregunta
queue. *kiúu.* cola
quick. *cuík.* rápido
quiet. *cuáiet.* tranquilo
rain. *réin.* llover, lluvia
raw. *róo.* crudo
reach. *ríich.* llegar
read. *ríid.* leer
ready. *rédi.* listo
reason. *ríisen.* causa, razón
receive. *risíiv.* recibir
recommend. *recoménd.* recomendar
record. *récord.* disco
red. *red.* rojo
regards. *rigáards.* saludos
relatives. *rélativs.* parientes
remember. *rimémba.* recordar
rent. *rent.* alquilar
repair. *ripér.* reparar
repeat. *ripíit.* repetir
reply. *ripláy.* respuesta
restaurant. *réstorant.* restaurante

return. *ritárn.* volver, vuelta

rice. *ráis.* arroz

right. *ráit.* derecho, correcto

river. *ríva.* río

road. *róud.* carretera

roast. *róust.* asado

room. *rum.* habitación

round. *ráund.* redondo

row. *ráu.* fila

safe. *séif.* seguro

sail. *séil.* navegar

salad. *sálad.* ensalada

sale. *séil.* venta

sales. *séils.* rebajas

salt. *solt.* sal

same. *séim.* mismo

sand. *sand.* arena

Saturday. *sáterdey.* sábado

sauce. *sóos.* salsa

sausage. *sósich.* salchicha

say. *séy.* decir

school. *scúl.* escuela

scissors. *sísos.* tijeras

sea. *síi.* mar

season. *síisen.* estación

seat. *síit.* asiento

second. *sécond.* segundo

see. *síi.* ver

sell. *sel.* vender

send. *send.* mandar, enviar

September. *septémba.* septiembre

serve. *serv.* servir

seven. *séven.* siete

several. *sévral.* varios

she. *shíi.* ella

sheet. *shíit.* sábana

ship. *ship.* barco

shirt. *shert.* camisa

shoe. *shúu.* zapato

shop. *shop.* tienda

short. *short.* corto

shower. *sháua.* ducha

sick. *sik.* enfermo

side. *sáid.* lado

sign. *sáin.* signo, firmar

silence. *sáilens.* silencio

silk. *silk.* seda

silver. *sílva.* plata

since. *sins.* desde

single. *sínguel.* individual, soltero

Español — Inglés

sir. *ser.* señor
sister. *sísta.* hermana
sit down. *sit dáun.* sentarse
six. *six.* seis
size. *sáis.* tamaño, talla
skin. *skin.* piel
sleep. *slíip.* dormir
slow. *slóu.* lento
small. *smol.* pequeño
smoke. *smóuk.* fumar
snow. *snóu.* nevar, nieve
so. *sou.* así
soap. *sóup.* jabón
soft. *soft.* suave
some. *sam.* algunos
son. *san.* hijo
soon. *súun.* pronto
sorry. *sóri.* perdón, lo siento
sort. *sort.* tipo, clase
soup. *súup.* sopa
south. *sáuz.* sur
souvenir. *suuvenía.* recuerdo
Spanish. *spánish.* español
speak. *spíik.* hablar

speed. *spíid.* velocidad
spoon. *spúun.* cuchara
sport. *sport.* deporte
spring. *spring.* primavera
square. *scuéa.* plaza, cuadrado
stairs. *stéas.* escaleras
stamp. *stamp.* sello
start. *start.* empezar
station. *stéishen.* estación
steak. *stéik.* filete
steal. *stíil.* robar
stewardess. *stíuardes.* azafata
stomach. *stómac.* estómago
stop. *stop.* parar, parada
strawberry. *stróberi.* fresa
street. *stríit.* calle
strike. *stráik.* huelga
strong. *strong.* fuerte
suburb. *sáberb.* barrio
such. *sach.* tal
sugar. *shúga.* azúcar
suit. *súut.* traje
suitcase. *súutkeis.* maleta

summer. *sáma.* verano
sun. *san.* sol
Sunday. *sándey.* domingo
sure. *shúa.* seguro
surgery. *séryeri.* consulta
surname. *sérneim.* apellido
sweet. *suíit.* dulce
swim. *suím.* nadar
swimming pool. *suímingpúul.* piscina
table. *téibel.* mesa
tablet. *táblet.* pastilla
take. *téik.* tomar, coger
talk. *tok.* hablar
tall. *tol.* alto
tax. *tax.* impuesto
tea. *tíi.* té
telephone. *télifoun.* teléfono
tell. *tel.* decir, contar
temperature. *témpricha.* temperatura
ten. *ten.* diez
tent. *tent.* tienda de campaña
terrace. *téras.* terraza

than. *dan.* que
thank you. *zénkiu.* gracias
that. *dat.* que
the. *de.* el, la, los, las
theatre. *zíata.* teatro
their. *déir.* su, sus
then. *den.* entonces
there. *déa.* allí
these. *díis.* estos, estas
think. *zink.* pensar
third. *zerd.* tercero
this. *dis.* este, esta
thousand. *záusend.* mil
three. *zríi.* tres
throat. *zróut.* garganta
Thursday. *zérsdey.* jueves
ticket. *tíket.* billete, entrada
tie. *tái.* corbata
time. *táim.* tiempo
tip. *tip.* propina
to. *tu.* a, para
toast. *tóust.* tostada
tobacco. *tobáco.* tabaco
together. *tuguéda.* juntos
toilets. *tóilets.* servicios
toll. *tol.* peaje

tomato. *toméitou.* tomate
tomorrow. *tumórou.* mañana
tonight. *tunáit.* esta noche
too, too much/many. *túu, túu mach/méni.* demasiado/a/os/as
tool. *túul.* herramienta
tooth. *túuz.* diente
towel. *táuel.* toalla
tower. *táua.* torre
town. *táun.* ciudad
toy. *toy.* juguete
traffic-lights. *tráfic-láits.* semáforo
train. *tréin.* tren
tram. *tram.* tranvía
translate. *transléit.* traducir
travel. *trável.* viajar, viaje
tree. *tríi.* árbol
trip. *trip.* viaje
trousers. *tróusas.* pantalones
truth. *trúuz.* verdad
try. *trái.* tratar

Tuesday. *tiúsdey.* martes
twelve. *tuélv.* doce
twenty. *tuénti.* veinte
twice. *tuáis.* dos veces
two. *túu.* dos
tyre. *táia.* neumático
ugly. *ágli.* feo
umbrella. *ambréla.* paraguas
uncle. *ónkel.* tío
underground. *ándagraund.* metro
understand. *anderstánd.* comprender
until. *ontíl.* hasta
up. *ap.* arriba
urgent. *éryent.* urgente
use. *iús.* usar
vacant. *véicant.* libre
value. *váliuu.* valor
van. *van.* furgoneta
vegetables. *védyetéibels.* verdura
very. *véri.* muy
view. *viúu.* vista
village. *vílich.* pueblo

vinegar. *vínega.* vinagre
visa. *víisa.* visado
visit. *vísit.* visita, visitar
voice. *vóis.* voz
wait. *uéit.* esperar
walk. *uók.* andar
wall. *uól.* pared
wallet. *uólit.* cartera
warm. *uórm.* cálido
wash. *uósh.* lavar
watch. *uótch.* reloj
water. *uóta.* agua
way. *uéy.* camino, manera
we. *uí.* nosotros
wear. *uéa.* llevar
weather. *uéda.* tiempo
Wednesday. *uénsdey.* miércoles
week. *uíik.* semana
weight. *uéit.* peso
welcome. *uélcam.* bienvenido
well. *uél.* bien
west. *uést.* oeste
what. *uót.* qué, lo que
wheel. *uíil.* rueda

when. *uén.* cuándo
where. *uéa.* dónde
which. *uích.* cuál
white. *uáit.* blanco
who. *júu.* quién
whole. *jóul.* todo
why. *uáy.* por qué
wide. *uáid.* ancho
wife. *uáif.* esposa
wind. *uínd.* viento
window. *uíndou.* ventana
wine. *uáin.* vino
winter. *uínta.* invierno
wish. *uísh.* desear
with. *uíd.* con
without. *uidáut.* sin
woman. *uóman.* mujer
wool. *wúul.* lana
word. *uórd.* palabra
work. *uórk.* trabajar
world. *uóold.* mundo
worse. *uórs.* peor
write. *ráit.* escribir
yacht. *yot.* yate
yard. *yáad.* yarda (91 cm.)
year. *yía.* año

yellow. *yélou.* amarillo

yes. *yes.* sí

yesterday. *yéstedey.* ayer

you. *yu.* tú, vosotros, Vd., Vds.

young. *yank.* joven

your. *yor.* tu, vuestro, su

zero. *sírou.* cero

zoo. *súu.* zoo

GUÍA PRÁCTICA DE CONVERSACIÓN

ESPAÑOL PORTUGUÉS

Purificación Blanco Hernández

Guia Prático de Conversação
Espanhol-Português

Jael Corrêa

Eis um guia prático de conversação que não pode faltar na bagagem de todo viajante. Tenha com você esse companheiro de viagem que traz um método prático e simples para se comunicar à base de frases utilizadas no dia-a-dia. Com ele, você tem acesso às palavras que mais utilizará durante sua visita a um país de língua espanhola ou portuguesa.

PRACTICAL CONVERSATION GUIDE

ENGLISH SPANISH

Purificación Blanco Hernández

Guia Prático de Conversação

Inglês-Espanhol

Purificación Blanco Hernández

Agora você não precisa mais ficar desesperado porque fará uma viagem ao exterior e não sabe como "se virar" na hora de solicitar uma informação, pedir uma refeição, pegar um táxi, e em outras situações do cotidiano. Este guia bilíngüe em Inglês e Espanhol facilitará a sua vida. Portanto, não deixe de colocá-lo em sua bagagem, ele poderá fazer muita falta quando você estiver distante do Brasil.

Guia Prático de Conversação
Português-Espanhol
Jael Corrêa

Este é um guia bilíngüe de grande utilidade tanto ao viajante quanto para quem queira se comunicar utilizando frases de uso cotidiano em português e espanhol. O conteúdo é ilustrado e traz um extenso sistema de referências para o seu fácil manuseio. Além disso, a obra contém um dicionário com as palavras mais utilizadas em hotéis, restaurantes, espetáculos, alfândegas, etc.

MADRAS ® CADASTRO/MALA DIRETA

Envie este cadastro preenchido e passará a receber informações dos nossos lançamentos, nas áreas que determinar.

Nome _____
RG _____ CPF _____
Endereço Residencial _____
Bairro _____ Cidade _____ Estado ____
CEP _____ Fone _____
E-mail _____
Sexo ❏ Fem. ❏ Masc.   Nascimento _____
Profissão _____ Escolaridade (Nível/Curso) _____

Você compra livros:
❏ livrarias   ❏ feiras   ❏ telefone   ❏ Sedex livro (reembolso postal mais rápido)
❏ outros: _____

Quais os tipos de literatura que você lê:
❏ Jurídicos   ❏ Pedagogia   ❏ Business   ❏ Romances/espíritas
❏ Esoterismo ❏ Psicologia ❏ Saúde   ❏ Espíritas/doutrinas
❏ Bruxaria   ❏ Auto-ajuda ❏ Maçonaria ❏ Outros:

Qual a sua opinião a respeito dessa obra? _____
_____

Indique amigos que gostariam de receber MALA DIRETA:
Nome _____
Endereço Residencial _____
Bairro _____ Cidade _____ CEP _____

Nome do livro adquirido: *Guía Práctica de Conversación Español e Inglés*

Para receber catálogos, lista de preços e outras informações, escreva para:

MADRAS EDITORA LTDA.
Rua Paulo Gonçalves, 88 — Santana — 02403-020 — São Paulo/SP
Caixa Postal 12299 — CEP 02013-970 — SP
Tel.: (11) 6281-5555/6959-1127 — Fax.:(11) 6959-3090
www.madras.com.br

Este livro foi composto em Times New Roman, corpo 10/13.
Papel Offset 75g
Impressão e Acabamento
Assahi Gráfica e Editora Ltda. – Rua Luzitania, 306 – Vila Luzitania
CEP 09725-150 – Tel.: (0_ _11) 4123-0455